基于网络的客户协同产品创新知识分享机理研究

张永云 著

全国百佳图书出版单位

图书在版编目（CIP）数据

基于网络的客户协同产品创新知识分享机理研究 / 张永云著. — 北京：知识产权出版社，2018.3
ISBN 978-7-5130-5060-9

Ⅰ.①基… Ⅱ.①张… Ⅲ.①企业管理—产品开发—研究 Ⅳ.①F273.2

中国版本图书馆CIP数据核字(2017)第186690号

内容摘要

本书以网络环境下协同产品创新的客户为研究对象，基于生态系统原理和理性行为、社会网络等理论，借鉴学术界相关领域研究成果，研究协同创新客户的知识分享特征和内在运作机理。本书的研究不仅丰富了网络创新生态系统、在线社会网络等理论研究，还为企业制定科学、合理、有效的网络协同产品创新决策和网络知识分享治理对策提供理论指导。

责任编辑：王　辉　　　　　责任出版：孙婷婷

基于网络的客户协同产品创新知识分享机理研究
JIYU WANGLUO DE KEHU XIETONG CHANPIN CHUANGXIN ZHISHI FENXIANG JILI YANJIU

张永云　著

出版发行：知识产权出版社有限责任公司		网　　址：http://www.ipph.cn	
电　　话：010－82004826		http://www.laichushu.com	
社　　址：北京市海淀区气象路50号院		邮　　编：100081	
责编电话：010－82000860转8381		责编邮箱：wanghui@cnipr.com	
发行电话：010－82000860转8101		发行传真：010－82000893	
印　　刷：北京中献拓方科技发展有限公司		经　　销：新华书店及相关销售网点	
开　　本：720 mm×1000 mm　1/16		印　　张：10.75	
版　　次：2018年3月第1版		印　　次：2018年3月第1次印刷	
字　　数：180千字		定　　价：52.00元	
ISBN 978-7-5130-5060-9			

出版权专有侵权必究
如有印装质量问题，本社负责调换。

前 言

客户协同与企业产品创新密切相关。目前我国企业存在"产品滞销"与"市场需求旺盛"的矛盾局面,其根源是企业生产缺少客户的参与,造成了企业生产的产品不能很好地迎合和满足终端客户的个性化需求。针对这一社会现象和企业问题,宏观层面,中国政府提出了"供给侧改革",其核心是优化供给结构对需求变化的适应性和灵活性;而微观层面,企业如何应对和解决这一难题成为产品创新领域研究的热点问题。企业传统的客户协同产品创新往往局限于高校、研究机构等组织和部分"领先型客户",而互联网技术尤其是 Web2.0 技术的发展,使得客户协同产品创新可以在更广地域,更大范围内进行。客户协同产品创新的本质是充分获取和利用客户的知识,其前提是客户主动分享自有知识。但是对于网络环境下的协同产品创新而言,由于创新人员的分散性、多样性、异质性和协同性等复杂特性,这一情境下的知识分享活动具有动态性和不确定性。因此,采用相关的理论和方法,分析并掌握网络客户知识分享的特殊性和规律性,对于企业开展客户协同产品创新管理工作具有较好的理论指导意义。

本书以网络环境下协同产品创新的客户为研究对象,基于生态系统原理和理性行为、社会网络等理论,借鉴学术界相关领域研究成果,研究协同创新客户的知识分享特征和内在运作机理。具体地说,本书的研究工作主要包括以下几个方面。

(1)分析了网络环境下客户协同产品创新的开展过程和协同特征。基于生态系统原理和创新生态系统理论,从系统角度分析网络环境下客户协同产品创新的特征、要素构成和要素相互作用。研究结果表明:协同创新主体、协同对象(客体)和协同媒介三要素的分布、互动、竞争和演化具有明显的生态系统特征。

(2)分析了网络环境下客户协同产品创新知识分享的机理。使用探索性案例研究和社会网络分析法，对两家企业的三个网络协同创新平台近两年的知识分享行为进行挖掘和系统分析，抽取出影响知识分享的共性要素，并分析要素和知识分享之间的关系。研究发现，三个平台在主体间网络关系、主体—媒介关系及时间要素上呈现出共有特征，且在知识分享过程中起到了驱动作用。

（3）整合理性行为理论和社会网络理论，进一步剖析了网络环境下客户协同产品创新知识分享的机理，构建了"系统要素间关系—知识分享态度—知识分享意愿"的理论模型和研究假设。并设置了两阶段调查问卷，对其进行实证检验，分析模型要素在时间轴上的变化特征和变化趋势。研究发现：①主体间网络关系、主体—媒介关系对协同客户的知识分享态度（知识分享情感和个体认知）和知识分享意愿有显著的正向影响，知识分享情感与个体认知在"主体间网络关系、主体—媒介关系—知识分享意愿"中都充当了半中介的作用。②主体间网络关系对协同客户知识分享情感、个体认知和知识分享意愿的影响程度随个体协同经验的增长而增加；而主体—媒介关系对协同客户知识分享情感、个体认知和知识分享意愿的影响程度随个体协同经验的增长而降低。

（4）运用治理理论和联盟治理理论，提出了网络环境下客户协同产品创新知识分享的治理机制和治理对策。研究指出：对网络环境下客户协同产品创新知识分享的治理应该从协同关系和知识分享过程两个方面展开，协同关系方面，既要重视对协同人群形成网络关系进行引导和鼓励，也要重视协同产品信息的网络化传播；知识分享过程方面，需要按知识分享的外在行为方式和内在影响机理分类治理。

（5）对网络环境下客户协同产品创新的企业实践状况和具体的实践工具进行了介绍和剖析，引导企业正确、合理地开展客户协同产品创新活动。

总之，本书的研究不仅丰富了网络创新生态系统、在线社会网络、网络客户理性行为等理论研究，还为企业制定科学、合理、有效的网络协同产品创新决策和网络知识分享治理对策提供理论指导。

目　录

第1章　绪论 ··· 1
 1.1 研究背景 ··· 1
 1.2 问题提出 ··· 5
 1.3 研究意义 ··· 7
 1.4 相关概念界定 ··· 8
 1.5 研究范围界定 ·· 10
 1.6 研究设计 ·· 11
 1.7 研究创新点 ·· 14

第2章　文献综述 ·· 16
 2.1 客户协同产品创新的研究 ······································ 16
 2.2 客户协同产品创新中的知识分享研究 ···························· 19
 2.3 知识分享中的网络媒体效能研究 ································ 21
 2.4 企业对协同创新用户和知识分享过程的管理 ······················ 22
 2.5 相关研究评述 ·· 23
 2.6 理论基础 ·· 25

第3章　网络环境下客户协同产品创新开展过程分析 ···················· 31
 3.1 网络环境下客户协同产品创新过程 ······························ 31
 3.2 网络环境下客户协同产品创新系统分析 ·························· 34
 3.3 本章小结 ·· 40

第4章 网络环境下客户协同产品创新知识分享的探索性案例研究 ………… 41
4.1 案例研究方法概述 ………………………………………………… 41
4.2 案例样本选择 ……………………………………………………… 42
4.3 研究设计 …………………………………………………………… 46
4.4 研究发现 …………………………………………………………… 54
4.5 本章小结 …………………………………………………………… 57

第5章 网络环境下客户协同产品创新知识分享机理研究 ………………… 59
5.1 模型要素与理论模型构建 ………………………………………… 59
5.2 理论与假设 ………………………………………………………… 62
5.3 本章小结 …………………………………………………………… 70

第6章 网络环境下客户协同产品创新知识分享的实证研究 ……………… 73
6.1 研究设计与方法 …………………………………………………… 73
6.2 数据基本分析 ……………………………………………………… 79
6.3 多元回归分析 ……………………………………………………… 97
6.4 知识分享态度的中介效应检验 …………………………………… 103
6.5 讨论与分析 ………………………………………………………… 106
6.6 本章小结 …………………………………………………………… 109

第7章 网络环境下客户协同产品创新知识分享治理机制研究 …………… 110
7.1 网络环境下客户协同产品创新知识分享存在的问题 …………… 110
7.2 网络环境下客户协同产品创新知识分享治理的含义 …………… 111
7.3 协同关系治理 ……………………………………………………… 113
7.4 知识分享过程治理 ………………………………………………… 115
7.5 本章小结 …………………………………………………………… 121

第8章 网络环境下客户协同产品创新知识分享的实践应用 ……………… 123
8.1 企业实践 …………………………………………………………… 123

8.2 实践工具和平台 ··· 131

第9章　研究结论与展望 ··· 137
　　9.1 研究结论及贡献 ··· 137
　　9.2 研究不足与展望 ··· 139

参考文献 ·· 141
附录 ·· 157
　　附录1　访谈提纲 ··· 157
　　附录2　问卷调查 ··· 159
后记 ·· 163

第1章 绪论

1.1 研究背景

1.1.1 现实背景

产品是企业的生命线,产品创新是企业为了满足市场需求对产品进行的一系列创新。在市场竞争激烈、客户需求碎片化、个性化的背景下,如何快速开发满足用户个性化需求的创新性产品成为企业亟待解决的问题。传统的企业产品创新主要依赖于企业内部专业技术人员,创新的效果往往不理想。Chesbrough[1]认为这种"封闭式创新"模式不利于企业新知识和技术的获取,企业需要突破其边界的限制,变封闭式创新为开放式创新。在早期的开放式创新模式下,企业不仅使用内部资源,同时通过竞赛、联合开发等形式与外部环境中的用户、供应商、大学、科研院所、技术中介等资源相互合作,形成创新网络[2]。

客户是企业重要的外部资源,如果能将客户引入开放式创新过程,企业一方面可以充分利用客户的智慧和知识进行产品创新,降低创新成本,缩短产品创新周期,另一方面也有助于提升创新产品的客户满意度。由于客户协同产品创新具有很多优势,近年来受到企业的重视。但是,由于传统产业的产品生产,甚至是销售的全过程远离客户,因此,早期的客户协同产品创新开展方式往往是"领先用户"创新,即企业采用一定技术和措施对客户行为进行识别,挑选对产品或服务有特殊需要的用户参与协同的创新模式[3,4]。

"领先用户"创新对企业创新的意义重大[5],但是并不能代表更广范围的用户思想和智慧,尤其是随着 Web2.0 技术的发展,客户的个性化需求越来越明显,如果能实现更广范围的客户协同产品创新,同时又不大量增加企业人力和物力等创新成本,对企业来说,是客户协同产品创新的最佳组合。

随着互联网技术尤其是 Web2.0 技术的发展,每一个接触网络的社会成员开始拥有双重身份，除了现实社会的自己，同时拥有了网络"替身"，能够在网络上通过浏览网站、微博、社区、论坛等多元化渠道和方式发布、获取信息或知识，也可以随时和别人的"替身"用文字、声音、视频等多种方式沟通，甚至可以和一群志同道合的"替身"组建一个虚拟社群，来进行思想的撞击和情感的交流。互联网这一开放式工具不仅颠覆了传统的沟通模式，也给企业的客户协同产品创新提供了更好的契机和平台[6]。

客户协同产品创新的本质是充分获取和利用客户的知识[7]，其前提是客户主动分享自有知识。网络环境下，个体可以脱离原有知识分享的面对面方式，在虚拟空间借助声音、视频等工具完成互动、合作和分享知识，这种特性使得基于网络环境的客户协同产品创新知识分享模式备受企业青睐，已经成为戴尔、微软、海尔等许多大企业获取外部知识的重要方式[8,9]。

网络环境下协同创新客户的知识分享活动具有以下特征和问题。

第一，成员无组织边界。传统企业的创新人员往往是企业员工，知识分享是履行契约责任或员工职责，分享活动通常以企业为组织边界开展。网络环境下的协同产品创新人员来自于企业外部，这些成员虽然参与创新，但又不局限于某家具体的企业，可以灵活地往来于各个协同创新企业，甚至可能会突然中止和某个企业的创新活动，扰乱企业产品的开发进程。因此，协同创新客户的灵活性、无组织边界性可能会给企业的创新带来一定的风险和隐患，应加以合理的防范和治理。

第二，弱关系性。参与知识分享的客户往往来源于不同的领域，甚至居住在不同的地域，参与协同创新的目的也各异，可能是兴趣、爱好，也可能是个性使然，甚至可能是为了获利或互惠。各种灵活性造就了协同客户间的弱关系性，成员之间不曾谋面，甚至不知道其他协同人员的一切信息。社会网络理论说明"弱连接"在社会中普遍存在，且发挥重要作用[10]。在网络环境下，这种作用有两面性：首先，协同客户之间的弱关系性可以减少知识分享过程中的顾虑，不用考虑自己的思想和言语是否妥当，协同成员更能正常利用自有知识；其次，成员间的弱关系又容易造成知识分享人员的流失。因此，怎样利用其长，回避其短，需要思考。

第三，强异质性。参与知识分享的客户通常拥有多重身份，可能是企业某类产品的客户，也可能同时是这类产品的专家，或者是对这类产品拥有较高的兴趣。与企业内部的创新人员不同,这些客户往往来源于互联网用户,专业领域、知识特长和兴趣爱好差异性较大,彼此之间的知识具有较强的异质性,而这些异质性知识是企业产品创新的重要知识源泉,有利于企业的产品创新。因此,企业应对协同客户的异质性知识加以重视和合理利用。

综上所述,协同创新客户知识分享已经成为企业获取外部性知识的重要方式。互联网技术尤其是Web2.0技术的发展为企业开展客户协同产品创新知识分享活动提供了契机和平台。但是对于网络环境下的客户协同产品创新而言,由于创新人员的分散性、多样性、异质性和协同性等复杂特性,这一情境下的知识分享活动具有动态性和不确定性。因此,有必要对这一群体知识分享活动的特殊性和规律性进行分析,为企业开展网络环境下的客户协同产品创新和知识分享活动提供思路和对策。

1.1.2 理论背景

与客户协同产品创新知识分享在企业蓬勃发展的现实情况对应,客户协同产品创新知识分享相关理论研究也获得了长足的发展。相关研究经历了开放式创新、客户协同创新、互联网创新等多个阶段,每个阶段的不同研究流派对客户协同产品创新知识分享的特性和规律进行了不同视角的剖析,并形成了丰富的理论研究成果。

(1)知识分享机理持续性受到关注。封闭式创新理论认为企业产品创新主要依赖于企业内部专业技术人员的相互协作,这种理论视角下的研究往往从企业内部寻找知识分享的动力,例如,企业制度[11, 12]、员工认知或员工关系[13-15]。一部分研究基于市场交易视角来研究知识分享,认为知识分享应当被当作商品交易,供需双方各取所需,都可以从知识交易中获取好处,获利是知识交易产生的原动力[13, 16]。有学者将市场观点进一步延伸,认为知识分享是一种社会交换行为,交换机制、互惠、信任等个体认知在其间起到了决定性作用[17, 18]。

随着客户协同产品创新理论和信息技术的发展,研究视角逐步由企业内部转向企业外部的网络协同创新环境。网络环境下的客户协同产品创新研究中,研究者对具体模式下的知识分享机理进行了探索和分析,例如,Kosonen等、Franke和Shah从心理需求角度对众包式协同创新模式知识分享进行研究[19, 20],而Jeppesen和Frederiksen、Porter和Donthu、刘海鑫等学者针对企业虚拟社区情景下的协同创新进行研究,得出互惠、认可、信任等知识分享内在动机和"社会管理—态度—个体参与""互动、奖励—动机—知识贡献"等知识分享机理[21-23]。

可见,已有研究已经从外部行为、内部动机等多层面对知识分享进行了相关研究,网络环境下客户协同产品创新知识分享机理的研究主要集中于特定的情景和模式下,关于协同创新客户群体共性和知识分享机理的研究并不多见。

(2)网络、媒体优势及其相互关系。随着社会网络理论的发展,从网络角度研究知识分享的研究逐渐增多。相关研究认为,组织或个体的网络位置、网络关系等网络特征会直接影响其知识分享机会或行为[24,25]。近年来,随着社会化媒体的普及应用和网络知识分享行为的逐渐增多,越来越多的研究者开始关注信息和沟通工具带来的知识分享方式和行为的变革。大部分研究认为,社会化媒体的应用可以在个体之间形成某种网络关系,从而增加或改变个体的认知或态度[26],并最终影响其知识分享行为[27]。也有一部分研究指出,社会化媒体的优势不仅仅体现在其网络效应上,媒体的信息传递功能也会影响个体的态度和行为。例如,企业网站的信息功能能够提高顾客对企业的关注度[28],微博等社会化媒体的信息传播能显著影响个体的情感和满意度[29]。因此,社会化媒体环境下的知识分享研究不能忽视社会化媒体的信息传递功能[30]。

在本研究的情境下,协同客户会同时受到网络和媒体的双重影响,如何衡量二者之间的共同和交替效应,是值得深入研究的理论问题。

(3)网络、媒体对知识分享的作用机理有待研究,知识分享态度在其间的中介效应有待深化和探索。尽管情感、个体认知等知识分享态度在分享意愿(行为)中的前置作用及"企业行为—个体态度—个体知识分享意愿(行为)"的知识分享机理已经被普遍认可[19,20,22,31],但相关研究往往局限于特定的模式和特定的群体。近年来,有学者开始关注网络环境下的协同创新客户群体的知识利用价值和知识获取方式[32,33],研究表明协同客户的动态性、多样性、模糊性不仅需要企业采用多种治理方式,还需要迎合协同客户的特征,与协同环境相结合,系统化、动态化治理。

总体上,以往研究对网络环境下客户知识分享的机理、机制和动态过程缺乏深入的讨论,虽然已有文献针对客户互动关系对知识分享意愿(行为)的机理有过探索,但是针对网络协同创新客户群体,从系统角度动态分析网络环境和客户知识分享意愿(行为)之间的机理的论述还不多,显然有进一步研究的意义。

1.2 问题提出

客户协同产品创新的本质是充分利用客户的异质性知识，其前提是客户主动分享自有知识。多学科融合下的客户协同产品创新知识分享研究就是要运用客户心理学、经济学、管理学和组织行为学等学科知识，掌握这一群体知识分享的特殊性和规律性，采用适当的研究工具和方法，对这一行为方式及动态过程加以研究。研究主要面临两类问题：管理问题和科学问题。

1.2.1 管理问题

许多企业已经意识到客户协同产品创新知识分享的重要性。但是在真正实施或执行的过程中，还是会遇到很多始料未及的问题和障碍，若处理不当，会直接影响客户协同产品创新的知识分享效率和价值。下面我们列举客户协同产品创新知识分享的常见问题和障碍。

（1）多样化实施。协同产品创新知识分享活动需要一定的平台或空间。现实中，企业发起协同创新知识分享活动的方式有多种，有企业直接发起的，这类型活动主要依托企业自有的网站空间或各种品牌虚拟社区，例如，海尔公司的卡萨帝联盟网络客户社区、戴尔公司的 IdeaStorm 平台；也有企业依托第三方平台开展的，例如，依托近几年兴起的众包平台来展开协同创新知识分享活动；还有一些网络环境下的客户知识分享活动是由客户自己发起并运行的，例如，近几年比较流行的粉丝社区等。

因发起方式不同，企业协同产品创新知识分享的实施和对协同创新人群的管理也不完全相同，但趋于一致。例如，在企业虚拟社区中，企业员工通常会以参与者的身份出现，参与知识分享活动并引导创新热情。而在其他类型的协同创新平台中，知识分享则往往是客户的自由行为，企业的参与和引导并不多见。可以看出，现有的网络环境下的客户协同产品创新知识分享活动，企业加于主导或调控的并不多。实际上，网络环境下的协同创新因为参与个体的无组织性、弱关系性，自身运营的能力较差，往往需要外部力量的介入。有研究显示，协同客户分享知识的频率在下降，甚至有部分客户从活跃分享者慢慢转变为"潜水者"[34]。

（2）粗放式管理。网络环境下的客户协同产品创新知识分享目前通用的管理方式是粗放式管理,即对协同客户不予分类,粗略、统一对待。例如,戴尔、微软、海尔等公司对参与网络协同创新的客户实施统一的管理和激励对策。实际上,相关研究指出,对于网络环境下的知识分享活动,新进入者和先进入者,甚至年轻者和年老退休者之间,在协同目的、协同行为上都会有所差异[35,36];因此,粗放式管理不利于协同客户知识分享的健康运行。有的放矢,仔细剖析知识分享者的行为特征、参与动机和变化趋势,并对其合理分类,实施精细化管理,才能真正发挥协同客户的知识创造或创新功能。

(3)疏于治理。疏于治理的原因有两种:第一,大多数开展网络协同创新的企业并没有真正重视客户知识分享的重要性;第二,开放式知识分享活动目前尚处于探索阶段,企业对知识分享者的真正动机、目的和背后的推动力量尚不熟悉,因此,很难对知识分享行为加以控制和治理。

从以上分析中可以看出,目前针对网络环境下客户协同产品创新知识分享的运作和管理,由于缺乏理论支持和实践指导,无据可依,管理过程缺乏系统性和规范性。针对以上情况,亟待从根本上厘清客户协同产品创新知识分享发生、发展规律,为企业优化管理和合理治理提供决策支持。

1.2.2 科学问题

客户协同产品创新涉及面非常广,其中,关于网络环境下协同客户知识分享机理和治理机制的研究对企业开展协同创新活动和应对协同创新中出现的问题具有重要意义。在本书的研究情景中,主要存在以下科学问题。

(1)网络环境下客户协同产品创新活动的开展过程和协同特征是什么?相关学者对客户协同产品创新是一个生态系统达成共识,具有创新过程动态性和不确定性,创新人员分散性、多样性和协同性等复杂特性,导致人们对这一过程及创新人员的创新方式和创新行为尚缺少清楚和完整的认识。如何利用生态系统原理和规范的分析工具对网络环境下客户协同产品创新的开展过程和协同特征进行分析是后续研究的前提,也是研究要解决的科学问题之一。

(2)如何对网络环境下的客户协同产品创新知识分享活动进行深层次解构和剖析。知识一旦分享,其拥有者便失去独占知识的优势。在企业内部,员工因为契约或者职责进行知识分享行为。在网络协同创新的无边界组织中,这些约束条件不复存在,又是什么因素驱使这一人群去从事知识分享活动?抑或什么外部力量，可以推动这一行为持续进行？

要解决这一问题，需要运用客户心理学、管理学和组织行为学的融合知识，对客户协同产品创新知识分享涉及主体、变量，以及各变量之间的相互作用进行呈现。如何通过理论分析和其他分析工具来剖析网络环境下客户协同产品创新知识分享的机理是本研究要解决的科学问题之二。

（3）如何从时间演变角度对网络环境下客户协同产品创新知识分享的内外要素进行剖析。相关研究表明，网络环境下的知识分享活动是一个动态变化的活动，系统环境和系统要素间不仅相互作用，还会随时间演变而发生变化[35, 37]。对于网络环境下的协同创新客户，其知识分享的内在特征和外部行为是否也会随时间演变而发生变化，如果发生，变化趋势是什么？

要解决这一问题，需要将协同客户的知识分享放置于时间轴上，对比能代表协同初期和随时间演变某个协同期的典型截面数据。科学、合理地分析网络环境下客户协同产品创新知识分享的机理随时间演变规律是本研究要解决的科学问题之三。

（4）如何对协同创新客户这一群体进行治理，保障企业的协同创新活动持续开展，促进客户知识分享行为健康、持续进行。客户协同产品创新，尤其是企业主导下的协同创新活动，需要一定的治理手段和治理工具。治理过程还需要理论和实践经验的指导。如何制定科学、有效的协同创新治理机制，选择合适的治理工具，并采取可行的治理对策是本研究要解决的科学问题之四。

针对这一问题，需要在理论支持、实践指导和前期相关问题充分论述和分析的基础上，提出客户协同产品创新知识分享治理机制和详细的治理对策。

1.3 研究意义

本书的研究意义可以分为理论意义和现实意义两个方面。其中，理论意义集中于对网络环境下客户协同产品创新知识分享的内在机理、作用机制的规律解析、模型建立、假设提出和测量与验证。简而言之，本书的理论意义在于，从多角度入手，对网络环境下的客户协同产品创新知识分享的内在机理、作用机制和治理机制进行理论研究，旨在帮助其他相关研究者或社会相关团体了解网络环境下协同创新的规律，进而进行科学决策。实践中主要是对协同创新的发起企业制定科学、合理、有效的决策具有较大的实践指导意义。

1.3.1 理论意义

网络环境下的客户协同产品创新知识分享研究属于系统学、心理学、组织行为学等多学科交叉的研究问题。本研究对网络环境下的客户协同产品创新知识分享的内在机理和作用机制、治理机制进行了分析,完善了客户协同产品创新情境下的知识管理理论体系,并丰富了此领域的相关研究成果。研究结果、结论和相关研究成果有望拓展客户协同产品创新理论和知识管理理论在网络领域的延伸。

1.3.2 实践意义

本书中对于网络环境下客户协同产品创新知识分享的若干关键性问题的提出都是基于客户协同产品创新知识分享在网络环境下的实际问题。其建模和分析过程能基本反映现实情况,对于提高客户协同创新效率、提升客户协同创新活动的稳定性和持续性都具有重要的意义,也为协同创新发起企业制定科学、合理、有效的决策提供指导作用。

1.4 相关概念界定

1.4.1 知识

"知识"这一名词最初来源于哲学领域,被认为是已经得到验证的信念[38],后被引入现代认知领域用来研究个体在与外部环境相互作用过程中获得的经验和认识。在管理学领域,知识通常被视作一种情景信息、经验、观点和价值的动态集合,为吸纳新的经验和信息提供框架[13]。Guralnik[39]进一步提出"知识是经过组织的信息,其作用是辅助问题分析和作出决策"。这一定义强调了知识的效应,同时强调知识是经过人脑的认知加工过程的信息。Lee 根据知识的呈现性特性,将知识分为隐性知识(无法以语言、符号与文字表现)、外显性知识(可以用语言、符号或文字表现)和内隐(介于两者之间,可以用语言、符号与文字表示,但并不是很明确的知识)[40]。Joshi 等在这一基础上,进一步将知识分为内隐性知识(难于理解和解释)、经验型知识(可以用文字传达)、可变性知识(可由文字或数字等信息来传达)、观念性知识(对特定现象的理解能力)、程序性知识(按照一定程序获取的知识)和镶嵌性知识(包含在不同情境下的知识)[41]。

综合以上各观点,可以认为,知识是一个动态集合,其要素是经过组织的事实、观点、信息等,可以在个体之间传递,用于指导人的思想和行为。知识的范畴即包括可以用语言、符号及文字表现出的显性知识,也包括难于理解和解释,但是可以通过任何方式接触来转移的隐性知识。

1.4.2 知识分享

知识分享通常指知识的拥有者将拥有的知识传递给知识接受者的知识传递过程[42]。Nonaka 等[15]认为这一过程是隐性知识和显性知识相互转化的过程,经历了内隐向外显,最后又流向内隐的知识循环转化方式。

学者们对知识分享的概念虽有较为统一的共识,但对于知识分享的外在行为方式的理解却不尽相同,部分学者根据知识分享的本质属性认为其外在行为方式是知识共享[43],知识分享就是共享知识,通过共享最终实现显性知识和隐性知识的转化和知识的传递。也有学者根据知识分享的传递过程将其外在行为方式定义为知识交易,认为知识分享是一种交换的活动,透过彼此之间的互动、对谈来完成信息交换和知识的分享[44]。近年来,随着网络平台应用的普及,网络环境下的知识分享行为引起了学者们的关注,部分学者认为网络环境下的知识分享常表现为知识贡献,网络个体通过网络成员间的交流互动,将所掌握的信息和知识经网络平台传递给其他需要的个体[21, 26]。

综合相关研究成果,可以认为,知识分享的本质是通过隐性知识和显性知识间的相互转化,实现知识从拥有者向接受者传递的过程。这一过程的外在行为方式根据其表现形式可以划分为知识交易行为、知识贡献行为和知识共享行为。

1.4.3 客户协同产品创新

传统的企业产品创新多由企业围绕产品独立自主完成,随着市场竞争的日益激烈及技术环境的日益复杂,这一创新方式已无法满足日益个性化的市场需求,由用户、供应商等外部资源组成的多组织协同产品创新逐渐被企业认可并获得重视。互联网的发展一方面带来了企业组织边界的大解放,用户的身份从传统的购买者变成了产品开发、设计的参与者和产品价值的共同创造者。另一方面为多组织协同创新体中的客户创新提供了充足的发展空间，使客户协同产品创新成为现阶段企业创新的重要模式。

客户协同产品创新（customer collaborative product innovation，CCPI）是在用户创新和协同创新的基础上发展而来的。用户创新最早来源于1988年，冯·希普尔教授在考察了九个产业的创新情况后，发现在科学仪器、半导体等诸多领域，用户创新的比例高达50%以上，用户创新已经成为某些行业的创新源泉。自此，用户创新被实业界和学术界关注，用来描述产品或服务的用户对企业产品或服务提出新设想或改进建议[45]。协同创新是在协同制造和开放式创新基础上延伸出的更复杂的组织创新方式，是指为了实现科技创新而开展的政府、企业、研究性机构、中介机构和用户大整合的组织创新模式[46]。

目前，关于客户协同产品创新的定义并不统一，国内外文献中也经常被称为客户协同创新。大多数研究者并未对不同的表达方式进行区分，普遍认为，客户协同创新的着眼点主要在产品创新方面，因此，客户协同创新就是客户协同产品创新[32,47]。综合来看，客户协同产品创新指产品创新中充分利用客户或专业技术人员在创新技能和产品知识结构方面的优势，借助协同工作环境和各种工具和手段，通过使客户和专业设计人员协同工作，将两者的优势互补，激发其群体创造能力，从而开发出新产品的过程。

1.5 研究范围界定

（1）研究边界为网络环境下的客户协同产品创新。本研究以网络环境下的协同产品创新客户为研究对象，而非一般意义的，适应于任何条件下的协同产品创新客户。客户协同产品创新的开展方式有很多种，开展过程和规律具有某些共性，因此，本研究也具有一定的普遍意义；但同时，协同创新的开展规律和运作机理又与协同环境密切相关，因此，本书的研究蕴含了特殊性。

（2）研究的范畴为网络环境下协同创新客户的知识分享活动。知识分享活动可以依托多种媒介，不同于一般意义的网络环境，本书研究的网络环境是和企业开展协同创新活动息息相关的网络空间、网络技术等；不同于一般意义的知识分享，本书研究的知识分享的主体是协同创新客户，知识分享的对象是其他协同创新客户和协同创新企业。不同于一般意义的知识分享活动,本书研究的内容是网络环境下协同创新客户的知识分享的特征、规律和运作机理。

(3)研究的侧重点在于网络环境的驱动性。本研究侧重于网络环境对知识分享驱动机理的研究。本书涉及的网络环境主要包括门户网站、企业门户网站、各类搜索引擎、各类公共媒介和企业社交媒介(微博、微信平台)等信息媒介;QQ、微信等各类社交软件;众包社区、企业虚拟社区、品牌社区等各类协同网络空间。

1.6 研究设计

1.6.1 技术路线

本书基于网络环境下客户协同产品创新的现实背景,借鉴和整合了系统论、社会网络、知识创新和理性行为等理论,以提升协同创新知识分享效率为导向,提出核心研究问题:网络环境下客户协同产品创新知识分享的内在机理。在实地调研和文献梳理的基础上,将核心问题细分为四个子研究(见图1-1),网络环境下客户协同产品创新开展过程分析、网络环境下客户协同产品创新知识分享的探索性案例研究、网络环境下客户协同产品创新知识分享机理研究、网络环境下客户协同产品创新知识分享治理机制研究。完成以上各项研究内容的基础上,本书对研究进行了总结、归纳,提出研究的理论意义和实践贡献,对研究中存在的不足之处进行了总结,并提出了对未来的研究展望。

1.6.2 研究方法

基于生态系统原理和社会网络、知识创新、理性行为等理论和相关研究成果,本书采用文献阅读与调研访谈相结合、定性分析与定量研究相结合、案例研究与问卷调查相结合、理论分析与实证验证相结合等方法展开研究。

(1)文献阅读与分析。通过大量的文献检索和研读,厘清国内外客户协同产品创新、知识分享、网络知识分享等领域的相关知识脉络,找到其中的不足,以此作为本研究的研究基础。通过理论论述,分析网络环境下客户协同产品创新系统组成要素和要素间的相互作用,辅助构建网络环境下客户协同产品创新知识分

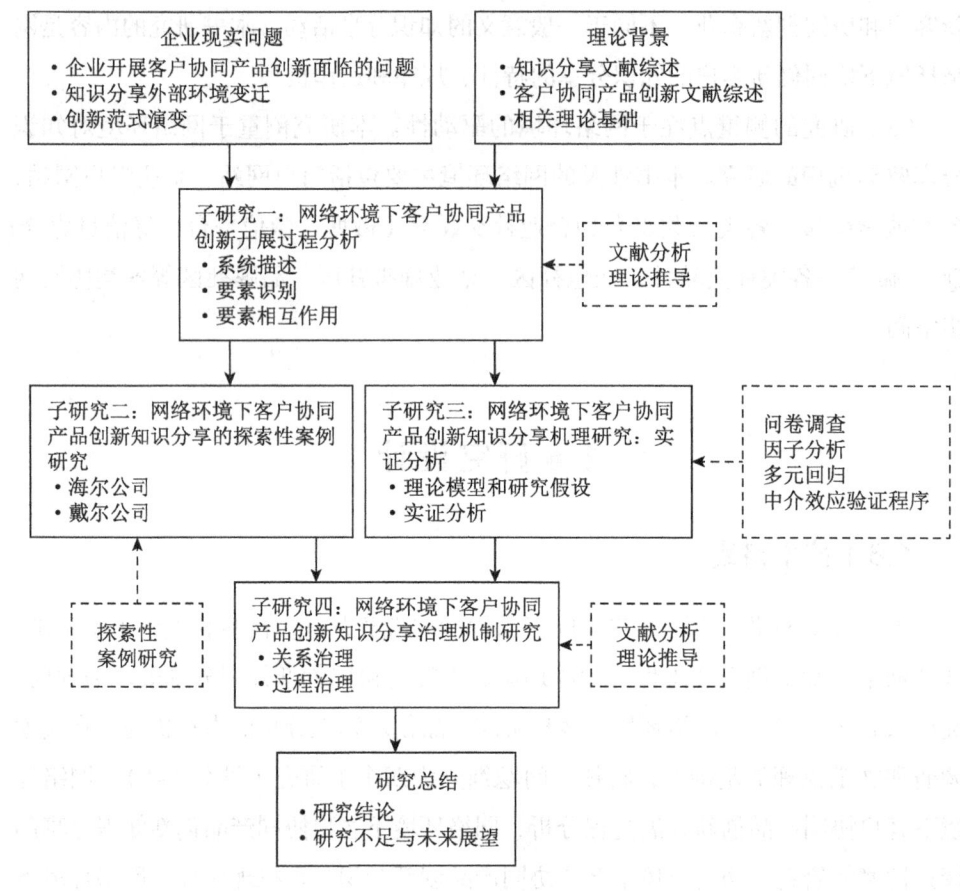

图1-1 研究技术路线图

享的概念模型、研究假设及相关变量测度指标，并辅助提出网络环境下客户协同产品创新知识分享的治理对策。

（2）生态系统分析法。基于生态系统原理和方法，对网络环境下客户协同产品创新系统进行描述，了解其成分、结构，并对系统要素、要素关系和相互作用进行分析。

（3）探索性案例研究。先后进行了理论预设、样本选择、数据采集与分析，探究了网络环境下客户协同产品创新知识分享的展开过程和共有规律，并提出初始命题假设。

（4）社会网络分析方法。在探索性案例研究章节中使用，利用社会网络分析方法和社会网络分析工具，对协同创新平台挖掘到的数据进行描述和分析，并得出规律。

（5）统计分析方法。利用"SPSS 22"和"AMOS 20.0"等统计软件，通过对调查问卷数据进行因子分析、回归分析、中介效应检验等统计分析，对网络环境下客户协同产品创新知识分享的概念模型和研究假设进行检验。

（6）经济学建模方法。基于市场交易理论和平台竞争模型，构建网络环境下的客户知识交易模型，并通过两阶段竞争博弈，对客户知识交易价格进行分析。

1.6.3 章节安排

依据本书的研究问题及研究技术路线，本书共分为8章，具体章节安排与主要内容如下。

第1章 绪论。阐述论文的研究背景、研究意义，研究技术路线及研究方法和章节安排。

第2章 文献综述。对客户协同产品创新及网络环境下客户协同产品创新知识分享的相关国内外研究进行了梳理和总结。并对生态系统原理和创新生态系统理论、社会网络理论、理性行为理论、治理与联盟治理理论等的相关理论基础进行了阐述。进而熟悉理论基础，发现相关研究不足，明确研究主题。

第3章 网络环境下客户协同产品创新开展过程分析。基于生态系统原理及创新生态系统理论，对网络环境下客户协同产品创新开展过程及行为特征进行分析，进而明确研究对象。

第4章 网络环境下客户协同产品创新知识分享的探索性案例研究。基于相关理论研究，选择两家企业的三个协同创新网络平台为研究样本进行探索性案例研究。通过理论预设、样本选择、数据采集与分析，探究网络环境下客户协同产品创新知识分享的开展过程和内在关系机制，并提出初始研究命题。

第5章 网络环境下客户协同产品创新知识分享机理研究。基于前期的探索性案例研究和相关研究命题，并通过理论和文献分析，提出网络环境下客户协同产品创新知识分享的理论模型与研究假设。

第6章 网络环境下客户协同产品创新知识分享实证研究。基于问卷调查获得的有效数据，利用"SPSS 20.0"和"AMOS 20.0"等统计软件，首先对问卷数据进行探索性因子分析和验证性因子分析以确定量表具有较好的信度和效度，然后通过回归分析、中介效应检验等统计分析，对网络环境下客户协同产品创新知识分享的概念模型和相关研究假设进行检验。

第7章 网络环境下客户协同产品创新知识分享治理机制研究。基于探索性案例分析和实证分析的结果和结论，从治理角度入手，从环境治理和过程治理两个层面对网络环境下客户协同产品创新知识分享的治理工具、治理机制进行分析，并提出治理对策。

第8章 本章对网络环境下客户协同产品创新知识分享的企业实践状况和具体的实践工具、过程进行了介绍和剖析，引导企业正确、合理地开展客户协同产品创新活动。

第9章 研究结论与展望。总结归纳研究结论，回顾研究存在的局限与不足，展望未来的研究方向。

1.7 研究创新点

本研究以促进网络环境下协同创新开展和协同客户知识分享为导向，研究网络环境下客户协同产品创新系统要素特征和知识分享机理，不仅在一定程度上填补已有研究不足或缺陷，发展相关理论，还能解决企业开展网络协同创新活动遇到的"分享危机"等难题，促进网络环境下的协同创新活动健康持续进行，同时促进企业网络创新和协同创新战略融合。本书创新点体现在四个方面。

（1）分析了网络环境下客户协同产品创新的开展过程和行为特征，揭示了网络环境下客户协同产品创新的生态系统特性。

本书基于生态系统原理和创新生态系统理论将网络环境下客户协同产品创新系统要素划分为主体、客体和媒介，并对要素分布、互动、竞争和演化过程进行解读。研究结果表明，协同创新主体、协同对象（客体）和协同媒介三要素的分布、互动、竞争和演化具有明显的生态系统特征。从基础理论层面阐述网络环境下客户协同产品创新生态系统视角研究的必要性和可行性，为后续研究提供研究视角和思路。

（2）构建了网络环境下客户协同产品创新系统要素间关系对协同客户知识分享意愿影响的理论模型，分析了网络环境下协同创新客户的知识分享机理。

与先前研究多基于动机和意愿、行为相关性分析角度不同，本书从系统角度出发，将网络环境下客户协同产品创新系统各要素和知识分享态度、意愿、行为进行组合分析，确定了要素间关系对客户知识分享态度和知识分享意愿的驱动效应。然后，运用理性行为理论和社会网络理论对驱动效应的机理展开分析，并创新性地将网络环境下客户协同产品创新系统要素间关系划分为"主体间网络关系"和"主体—媒介关系"，验证并比较了两类关系在知识分享机理中的中介效应。为企业开展网络环境下的客户协同创新和知识分享活动提供思路和理论指导。

（3）构建了网络协同创新客户知识分享的动态比较模型，分析了客户协同产品创新知识分享机理的动态变化特征。

与先前研究多立足于静态视角不同，本书通过对同一研究对象设置合理的时间间隔后进行二次调查获取配对数据，并且对配对数据进行比较，创新性地研究了"主体间网络关系""主体—媒介关系"对知识分享态度（知识分享情感和客户个体认知）和知识分享意愿影响的动态变化趋势，推动了客户协同产品创新的动态研究进展，更接近真实的协同创新开展过程。

（4）探索了网络环境下协同客户知识分享的治理机制，提出了网络环境下知识分享的分类治理思想和差异化治理观点。

目前研究网络环境下协同客户知识分享治理机制的研究不多，仅有的研究主要基于协同个体角度关注知识分享的促进措施，没有基于企业角度的研究，本书在治理理论和联盟治理理论的引导下，从系统要素构成角度和要素作用过程角度对协同创新客户知识分享机理基础上的治理机制进行分析，并提出合理的治理对策，为企业实践提供理论指导和实践依据。

第2章 文献综述

本章主要对国内外相关文献进行综合论述,重点关注以下几个内容:第一,客户协同产品创新演变过程和创新开展过程;第二,客户协同产品创新中的知识分享动机、影响因素和知识分享机理;第三,知识分享中的网络媒介效能;第四,企业对协同创新客户和知识分享过程的管理。通过文献综述厘清研究的理论意义并介绍文章涉及的相关理论基础。

2.1 客户协同产品创新的研究

客户协同产品创新的相关研究可以从纵向的协同形式演化视角和横向的协同开展过程视角展开。

(1)协同形式演化角度。客户协同产品创新是在用户创新和协同创新的基础上发展而来的。用户创新最早来源于1988年,麻省理工学院(Massachusetts Institute of Technology,MIT)管理学院的Hippel教授及其研究团队在考察了九个产业的创新情况后,发现在科学仪器、半导体等诸多领域,企业50%的创新是发生在企业和客户之间的结合点上,"领先客户"为主导的客户创造力对企业创新的实现起到了决定性作用,并在此基础上提出了"客户创新"(Customer Innovation)和"领先客户"(Lead User)概念[48]。自此,客户创新的巨大发展潜力开始引起学术界的广泛关注,相关研究从协同领域、协同场所、协同方式等多个方面对客户参与企业创新的有效性和可行性进行了多方面的研究。表2-1列举了部分研究文献,可以看出,客户协同产品创新的协同领域不受限制,从传统设备到电子产品都有涉及。协同媒介逐步由传统方式向各种网络媒介发展,协同过程则由最初的"领先用户"创新逐步发展到更广范围客户参与的"群体创造、创作"。

网络媒介基础上的客户协同产品创新也随媒介技术进步而不断演进。客户协同产品创新最初主要通过企业网站来进行，Nambisan 把这种具备协同创新功能的网站称为虚拟客户参与平台（Virtual Customer Environment，VCE）[49]。

表 2-1 客户协同产品创新案例

作者（年份）	协同领域	协同媒介	协同过程
Lüthje（2004）[50]	户外消费品	实验基地	领先用户参与
Biemans（2007）[51]	医疗器械	软件	客户协作
Kambil（1999）[52]	贺卡	在线论坛	客户协作
Kosonen（2013）[20]	产品创意	在线社区	客户协作
Sicilia（2008）[53]	饮料	品牌虚拟社区	群体创造、协作和交流
Huang（2014）[37]	电子产品	企业虚拟社区	群体创造、协作和交流

VCE 很大程度上改变了客户协同产品创新的方式，使得客户深层次、全方位地参与产品创新成为可能。学者们从各个分度分析 VCE 基础上客户协同产品创新的特点和实施条件。一些研究认为，VCE 的在线交互功能能为协同客户提供功能完善的网络服务，为客户之间、客户和企业之间进行产品创新或产品创造提供便利 [54, 55]。但也有研究认为，VCE 环境下的知识呈现多样和异构等特征，再加上协同主体在专业背景、兴趣爱好、专业水平等方面都存在差异，会造成表述、操作等方面的不规范和多样化，都直接影响创新效果 [56]。

VCE 模式的客户协同创新因为信息技术的不断改进而不断发展。随着 Web2.0 技术的发展和社交媒体的普遍运用，VCE 模式逐渐向功能更为完备，交互性更强，协同方式更加灵活的其他网络协同模式转变。网络虚拟社区基础上的协同创新、社交媒体环境下的协同创新逐渐代替早期 VCE 的功能，在企业的客户协同产品创新中担起了重任。

不同于 VCE 的网站信息整合功能，网络虚拟社区主要以成员的交互和互动为中心，社区成员在围绕不同的话题和兴趣互动、交流的过程中建立起一定的关系，并产生社区内容。相关研究就网络虚拟社区的种类和虚拟社区用户的参与动机展开。Hagel 根据成员参与的目的或初衷将网络虚拟社区划分为交易社区、兴趣社区、关系社区、幻想社区 [57]。Schubert 和 Ginsburg 按照社区建立的目的将虚拟社区划分为以共同兴趣为基础的兴趣社区和以不同兴趣为基础的闲暇社区 [58]。客户协同产品创新可以在任何一种社区中开展，但也有研究者提出，企业开展客户协同产品创新倾向于在企业自己的虚拟社区或虚拟品牌社区中开展，与其他社区不同，这类型社区更像是原有组织边界的延伸，参与个体往往拥有专业知识，能产生有价值的想法，或对问题的解决有独特的视角，为企业注入了源源不断的创新力量[59]。

近年来，社交媒体的发展为客户开展协同产品创新活动提供了机会[60]，通过QQ、微信工具就可以组建一个讨论群或兴趣小组，社交媒体的声音、视频功能极大地激发协同客户的参与热情和协同效率[6, 30]。

（2）协同开展过程视角。客户协同产品创新的开展过程被普遍认为是开发、利用、集成客户知识的过程。由于这一过程的不确定性和动态性，以及创新人员的多样性、分散性和协同特性，众多国内外学者从系统视角来研究客户协同产品创新过程。Yilmaz等[61]的研究表明，产品创新是一种复杂系统，系统可以根据环境变化而做出调整，因此，在协同过程中需要设计不同的组织配置（如组织结构、网络成员等）和管理机制。Ojanen和Hallikas[62]针对协同创新的复杂过程构建了框架模型，并对协同创新发展阶段进行了研究。王小磊等[32]针对协同创新过程的复杂性，借鉴复杂适应系统理论中的刺激—反应模型，结合产品创新知识创造过程，构建了协同创新主体的刺激—反应模型，并分析了创新主体的行为机制。李斐等[47]运用复杂网络理论对客户协同产品创新过程的复杂特性进行了定量分析，定义了客户协同创新网络，并计算了网络的重要参数，分析了网络结构和特性。从复杂系统视角研究协同创新能够较好地解读客户协同创新的复杂性、动态性和协同性，却无法从创新要素和创新环境层面解释协同创新的开展过程和运作机理。

近年来，创新系统的研究越来越多地开始借鉴生态学理论及视角，创新生态系统在客户协同创新领域的相关研究和应用很好地弥补了复杂系统的研究不足。欧盟官方2013年发布的《开放式创新2.0》报告指出：欧盟2020计划追求的目标是欧盟创新生态系统，即基于"政府—企业或产业—大学或科研机构—用户"的开放式创新2.0[63]。同年，哈佛商业评论《拥抱创新3.0》提出：企业创新模式经历了从创新1.0阶段（封闭式创新）到2.0阶段（开放式创新，即获取来自企业外部的创新源），再到3.0阶段（共生式创新，重视资源的整合和共生基础上的发展）[64]。李万等[65]的研究进一步指出，生产消费者的崛起和产学研社区的生态化使得企业的竞争优势逐步转向来源于由各类"产销者"社区和科学社区构成的创新生态系统。《斯坦福社会创新评论》(Stanford Social Innovation Review)上发表的文章"下一代经济与创新生态系统"认为,团队、信任、社会网络等六要素是营造创新生态系统的关键要素[66]。

创新演化视角,客户协同产品创新由早期的"领先客户"创新转向更广范围的客户协同产品创新。信息技术和网络媒介的发展为客户协同产品创新的组织和开展带来了新的活力,成为现阶段企业开展协同创新的重要方式。协同开展过程视角,复杂系统对客户协同创新的研究解读了客户协同创新的复杂性、动态性和协同性,却无法从创新要素和创新环境层面解释协同创新的开展过程和运作机理。客户协同创新生态系统的研究能够弥补这一不足,但以往研究仅仅做了概念层面的论述,没有准确描述系统要素的划分、要素之间的关系及要素和环境的关系及作用机制等,无法为企业开展协同创新活动和管理协同创新人员提供具体的理论指导。

2.2 客户协同产品创新中的知识分享研究

分享知识是企业开展协同创新的初衷,因此,怎样激发协同客户知识分享热情是协同创新发起企业面临的首要任务。国内外学者就客户协同产品创新知识分享的影响因素和分享机理展开了研究。

(1)分享动机和影响因素。相关学者基于社会交易理论、社会资本理论、网络理论、组织行为理论等理论基础从多个视角对这一问题进行了研究[27, 35, 67-71]。从表2-2列出的部分研究动机和分享影响因素可以看出:协同客户知识分享的动机有很多,可以分为内在和外在两类动机,内在动机通常指个体属性和从知识共享活动中获得经验和感受而产生的动机(例如,语言、资历等个体属性),外在动机强调的是目标驱动(例如,期望、互惠和主观规范)。也有研究者将这些动机分为个体利益动机及群体利益动机两类,其中个体利益倾向于利己,看重个体得失,而群体利益的动机则倾向于利他,看重群体或其他个体利益[72]。

知识分享的影响因素又可以分为分享者自身因素(例如,自我效能感)、分享者之间的因素(例如,信任)。另外,近年来,外部环境对知识分享的影响也被纳入研究范畴,例如,Hendriks[43]研究指出,信息技术的使用可以有效消除知识分享的时间和恐惧等障碍，从而提升知识分享的效率。Shin 等、Wasko 和 Faraj 研究证明，网络关系的改善可以促进个体知识分享意愿的提升[27, 73]。Bayus [8]、Chiu 等[74]、张永云和张生太[30]分析了网络技术应用对个体知识分享方式和分享意愿、分享效果的影响，研究结果均验证了网络技术对个体知识分享的驱动作用。

表2-2 网络环境下客户协同创新知识分享动机

动机/影响因素	描述	研究示例
经济（奖励）	通过知识分享获得诸如奖金、现金等收益	Hung 等[69]；Tran 等[70]
互惠，互利	能够互相帮助	Hung 等[69]；Chiu 等[74]
获得认可	分享知识是为了获得别人的认可	Wasko 等[27]；Hung 等[69]
个体声望	通过分享知识可以赢得更好的形象或声望	Chang 等[67]
自我价值体现	可以实现自身的价值或者获得内在的享受	Chang 等[67]
自我效能	个体对于自己能完成任务的信心有助于其分享知识	Hsu 等[72]；Ho 等[68]；Chang 等[35]
信任	人际信任会增加其知识分享意愿，网络环境下人际信任随时间由低到高变化	Wilson 等[71]；Chang 等[35]
环境因素	人际因素、媒介因素	Chiu 等[74]

（2）知识分享机理。影响因素如何影响客户的知识分享意愿或行为，相关学者就知识分享的机理进行了研究。Chang 等[35]的研究指出，成员之间的信任因素可以通过成员的承诺和知识分享过程中的自我效能感对知识分享意愿起作用，并最终影响知识分享行为。Hua 等[75]基于社会交易理论和组织支持理论对169名在线社区协作用户的知识分享进行观察和分析，最终得出社区分享规范、社区领导存在感等社区因素通过影响成员对社区支持和领导支持的感知程度来作用于知识分享。Jeppesen、Porter 等学者针对企业虚拟社区情景下的协同创新过程展开研究，得出互惠、认可、信任等内在动机通过影响社区成员的态度来影响知识分享[21,23]。刘海鑫等研究企业激励手段和技术环境对协同客户知识分享的影响机理，研究得出，鼓励互动、组织线下活动等企业手段能够通过影响社区用户的互惠和获得认

可来影响知识分享行为[22]，成员的交互关系、成员的共同语言能够通过影响成员信任来影响知识分享行为，增加积分、等级或授予头衔、权限等技术的使用能够增强成员信任对知识分享的作用程度。

知识分享机理研究的重要性得到普遍的认可和共识，已有研究从内和外、个体和群体等多个视角对知识分享的动机、影响因素和知识分享机理进行了研究，但是，由于知识分享的过程正在由早期的组织内部的人—人、人—组织、组织—组织的多层次分享逐步转向网络环境下的群体—群体之间的分享模式。知识分享模式的转变会带来知识分享形式和机理的变化。传统的知识分享研究得出的动机往往建立在组织边界内或者组织间合作领域。网络环境下，知识分享者的地理位置、关系发生了巨大的变化，知识分享的约束条件大幅减少，分享的自由度增加，因此，传统的动机理论的适合性和有用性需要进一步检验。另外，相关研究对网络环境下客户协同创新知识分享的外在形式和内在机理展开的分析主要集中于特定的情景和模式下，不能整体上反映协同创新客户知识分享的特征和知识分享机理。此外，环境因素层面看，传统的环境影响因素往往集中于企业制度、合作契约等，网络环境下，这些驱动要素的作用不复存在，网络的驱动能力进一步凸显。因此，有必要对网络技术的驱动性能进行分析。

2.3 知识分享中的网络媒体效能研究

知识分享一直是学术界热衷的研究话题。日本学者 Nonaka 和 Takeuchi 年提出来的 SECI 模型将知识的创造过程分为社会化（Socialization）、外部化（Exterualization）、组合（Combination）和内部化（Internalization）四个阶段，知识在各个阶段的相互转化中得以分享[76]。此外，Szulanski[77]将组织内部的知识分享分为整合、迁跃、开始、执行四个阶段。

但是 Nonaka 和 Takeuchi、Szulanski 的研究局限于传统的企业内部知识分享模式，近年来，网络技术的发展使知识的分享不再受时间、空间的限制，知识分享过程也随着网络技术的不断演变而不断演进。越来越多的研究者开始关注信息和沟通工具带来的知识分享方式和行为的变革。Hansen 和 Avital、Majchrzak 等研究了在线知识库知识分享过程和特点，提出了用户自由编辑和群体创造的知识分享模式[42, 78]。Lueg、Shachaf、Gazan 研究了电子公告系统、社会问答网站等社会化问答平台下的知识分享过程[79-81]。To 等（2008）分析了即时通信环境下的知识分享过程，指出即时通信环境下知识分享具有知识传递的同步性、特定性、隐私性等特征[82]。社交网络的出现极大地提升了知识分享的自由度和分享效率，社交网络允许用户建立主页、与其他用户建立联系和浏览他人的信息内容。Lee 等分析了新浪微博和腾讯微博的微博服务过程[83]，Chan 等研究显示，微博知识分享是知识分享的重要方式和平台[84]。

网络和媒体在知识分享中的效能得到普遍共识和认可，但当前大部分文献分别从网络或媒体单个方面研究知识分享，这样虽然可以分别揭示网络或媒体在客户协同产品创新中的重要作用和影响方式，但是没法衡量网络和媒体同时作用时的共同效能或交替效能。在本书的研究情境下，协同客户会同时受到网络和媒体的双重影响，如果要真实地反映客户协同产品创新的知识分享机理，就必须完整地对知识分享所涉及网络和媒体的双重影响进行系统化、规范化分析。

2.4 企业对协同创新用户和知识分享过程的管理

对于企业怎样有效利用和合理管理网络环境下协同创新的客户。一部分研究从技术层面对这一问题展开研究，例如：针对协同客户知识的模糊性、多样性、动态性、分散性、隐性化等特征，崔剑等[85]制定了知识管理体系，张晓冬等[86]提出了智能主体模型的产品开发过程，杨洁[33]结合两者的优点，研究了协同创新客户的知识集成模式和技术，包括集成模型、集成范式和集成的关键技术。也有一些研究立足企业的规章制度及和客户的交互层面对这一问题展开研究，例如，张伟兵和张永军[87]通过探讨企业知识创新绩效管理特征，构建了组织知识共享绩效管理体系。Glomseth 等[88]分析了组织文化形式、组织结构特征与知识分享之间的关系。Robin 等[89]从知识系统定义出发，建立了支持设计过程的知识交互模型，用于协同设计人员与协同客户交互。Andersen 等[90]从分布化创新和协同学习角度研究社会化媒体环境下，客户如何和专业技术人员交互，来完成产品创新。

针对企业如何对知识分享过程进行治理，相关学者也给出了建议和对策。例如：刘海鑫等指出，企业要通过鼓励社区成员间互动、并定期举行线下活动，及时兑现社区奖励来提高个体的互惠动机和获得认可感[22]；企业还可以按照协同创新产品的类型或领域建立相关讨论版块或专区，便于参与协同的客户快速找到感兴趣的知识背景相近的协同客户[91]。周军杰[36]的研究也指出线上、线下活动在知识分享过程中的重要性，并且指出要重视老年群体在知识分享中的重要地位，应加强对老年群体计算机和上网技能的培训。Chang等[35]、Hsu等[72]的研究指出，可以通过构建社区共同愿景、举行面对面的研讨会等措施来增强协同创新个体之间的信任。

成员互动形成的网络效能对知识分享的重要性得到了普遍认可，相关文献主要围绕企业如何加强成员之间的互动展开研究。社会化媒体的媒体效能虽然已经引起了重视，但当前研究以定性阐述为主，尚未有研究采用定量的方式研究网络媒介的网络效能和媒体效能如何同时在客户协同产品创新中发挥作用。另外，已有文献的研究视角大多停留在静态视角，尚未有研究考虑网络媒介的网络效能和媒体效能在客户协同产品创新发展、演化过程中的动态效能变化。这也是本研究的重点之一。

2.5 相关研究评述

（1）从目前的研究现状来看，协同产品创新的客户知识分享问题已经引起了广泛关注，但与信息时代企业发展需求相比，研究范围和研究领域都稍显狭窄，已有文献大都停留在"影响因素是什么""怎样影响"层面上，关于"为什么是这样""怎样变化""怎样应对"层面上缺乏系统化研究和可行性见解。将客户协同产品创新和时代结合，同时与企业实情结合，从管理科学角度对网络基础上的客户协同产品创新知识分享活动进行科学、系统、深入地研究，并通过案例证明其适应性和可行性，具有一定的研究价值。

（2）从研究的对象上来看，以网络环境下知识分享为主题的相关研究非常广泛，但是针对协同产品创新客户知识分享的研究较少，且往往局限于特定的知识分享形式或网络平台类型。实际上，网络环境下协同创新客户的知识分享活动更加强调知识分享的目的、用途、过程管理，这要比网络环境下其他知识分享活动的开展和管理更困难,更富有挑战性。因此,研究的过程中又不能仅仅着眼于具体的分享形式或网络平台类型,还应该针对协同创新客户的整体特征和整体行为进行分析,便于企业管理和控制。所以,网络环境下客户协同产品创新知识分享在研究范畴和研究对象的选择上、研究过程的开展上都较为复杂,具有一定的挑战性。

(3)从研究涉及的学科领域来看,网络环境下客户协同产品创新知识分享的已有研究领域包括社会学、组织行为学、情报学、心理学、信息学和管理学等学科领域。充分说明基于网络的协同客户知识分享活动的研究属于多领域、多学科的研究范畴。但是从目前的研究来看,针对网络环境下协同客户知识分享活动的多学科、系统性、综合性研究较少,亟须从多个层面对这一问题进行系统性、综合性研究。

(4)从企业管理角度来看,现有的文献研究范畴主要包括对客户的管理和对知识分享过程的管理。互联网时代,网络媒介环境对企业开展协同产品创新活动的理念、思路、方法有十分重要的影响,因此,将网络媒介纳入客户协同产品创新的研究框架,并对网络媒介对知识分享的作用机理和作用机制深入探讨是企业管理的需求。然而,将客户协同产品创新结合网络媒介的网络效能和媒体效能进行研究的文献非常少,有研究的必要性。

(5)本书拟研究问题。由上述文献评述可知,从管理科学角度出发,运用多领域、多学科的综合性理论知识,对网络环境下客户协同产品创新知识分享活动中的"为什么是这样""怎样变化""怎样应对"等问题进行科学、系统、深入地研究有一定的研究价值和研究空间,结合已有的客户协同产品创新研究和网络知识分享研究的不足,本书试图对网络环境下客户协同产品创新知识分享的机理展开研究。

首先,结合生态系统原理和创新生态系统理论,从系统角度分析网络环境下客户协同产品创新的开展过程和协同特征。

其次,使用探索性案例研究和社会网络分析法,对两家企业的三个网络协同创新平台近两年的客户协同产品创新知识分享活动进行深层次解构和剖析。

再次,整合理性行为理论和社会网络理论,从时间演变角度对网络环境下客户协同产品创新知识分享的内外要素和知识分享机理进行剖析。并设置了两阶段调查问卷,对其进行实证检验,分析模型要素在时间轴上的变化特征和变化趋势。

最后，运用治理理论和联盟治理理论，探讨网络环境下客户协同产品创新知识分享的治理机制和治理对策。

2.6 理论基础

2.6.1 生态系统及创新生态系统理论

2.6.1.1 生态系统原理

"系统"一词最初来源于拉丁语"systema"，用来表示集合、群体等概念[92]。一般系统论创始人贝塔朗菲将系统定义为相互作用的诸多要素的综合体[93]。我国系统科学家钱学森将系统定义为相互作用和相互依赖的具有特定功能的有机整体[94]。

生态系统是系统理论的一个分支，英国的生态学家Tansley在1935年第一次提出生态系统。生态系统着眼于从生态视角看待系统，认为一定空间中共同栖息的所有生物之间及生物与环境之间存在着物质循环、能量流动和信息传递[95]。生态系统主要研究受外部环境影响，系统内部各要素成长、发展和衰败的现象。

生态系统的基本内容和原理可以从种群、群落、生态系统，以及系统与环境的关系四个方面来说明[95]。

（1）种群。生态系统认为，地球上任何物种都由许多个体组成，相同基因生物的个体被称为物种。个体生活在一定的地区、一定环境空间下，同物种个体组成的复合体称为种群。从这一意义上来说，种群就是特定空间下同物种有机体的集合体，个体是较大、较复杂系统中的一部分。个体数量随着环境条件的改变而发生变化，环境条件有利时，则种群数量会增加；环境条件不利时，种群数量会减少。

（2）群落。生态系统认为，自然界的任何物种都不是孤立生存的，会与其他物种同群共居，从而形成完整的生物群落。因此，群落是种群的集合体，是比种群更高一级、更为复杂的生命组织体。生态系统认为，群落包含很多种生物，这些生物会随着时间、气候等外部环境而不断演化，一个群落最终会被另一个性质完全不同的群落演替。

（3）生态系统。生态系统理论认为，任何的生物群落都不是孤立存在的，会通过物质和能量交换与生存的环境相互作用，形成统一整体，即生态系统。从这一意义上说，生态系统指在一定地区内的生物和生物环境之间进行物质和能量交换所形成的系统。生态系统理论认为，生态系统是一个开放系统，并非被动接受外部环境的影响，而是通过自动调节，逐步修复外界环境干扰造成的损伤来保持其相对平衡的状态，维持正常结构和功能。

（4）系统与环境的关系。生态系统理论认为，生物体或生物群体以外的空间和直接、间接影响生物体或生物群体生存的一切事物的总和被视为环境。环境对生物的分布、生长和演化有着直接或间接的影响。

生态系统理论的提出，使我们对自然界的认识提高了一级层次，同时也对研究其他系统提供了研究视角，参照生态学的观点，任何一个特定范围的系统都可以视作一个生态系统，系统元件为分布在系统内部的个体、种群和群落，生态学主要研究个体、种群和群落的相关关系。而生态系统结构是指系统的构成要素及其在时间、空间领域的分布和系统与外部环境的物质、能量交换的条件、途径及过程。

2.6.1.2 创新生态系统理论

20世纪90年代中期，生态研究被引入创新领域，衍生出了创新生态系统。以国家创新为例，1960—1980年日本经济的高速发展引发理论界关注，将这一成功归结为"国家创新系统"的建立和运作[96]；20世纪90年代以来日本经济衰退，美国制造业重振，"硅谷创新效应"引发理论界关于"国家创新生态系统"的提出和思考[97]，之后，美国、日本、德国政府都将这一创新理论纳入国家的战略规划，国家创新生态系统在一个国家中的重要地位可见一斑。

意识到创新生态系统对于企业创新的重要意义，一些学者开始将创新生态系统引入微观的企业层面[98]。企业创新生态系统是由生产商、供应商、投资商和客户等利益相关群体构成的动态系统，是"市场与等级制"之外的经济组织模式。企业创新生态系统中，企业或组织不再是单个产业的成员，而是横跨多个产业的生态系统的一部分，创新也不再是一个机械的过程，而是由各种创新物种、创新群落相互连接并奔涌着人员、信息、资金等流动的生态网络[99]。有效的企业生态系统可以创造出远大于各个独立企业创造的价值之和，系统内企业创新的成功依赖于环境中其他创新者的努力，并且受协同成本、管制、权利分配等社会和经济因素的影响[100]。李万和常静等通过对"创新3.0"范式的研究，提出创新生态系统具有多样性、共生、开放式协同和自组织演化等特征[65]。曾国屏等人[101]的研究指出，现阶段创新系统的研究视角从关注要素构成、资源配置等角度向关注创新行为主体之间的交互作用及动态演化角度转变，且相关研究更加重视协同创新系统内部知识的生产模式和创新范式的共生和演化。

2.6.2 社会网络理论和社会网络分析法

2.6.2.1 社会网络理论

社会网络是西方社会学的重要分支，形成于20世纪三四十年代并在最近20年有重要发展，被广泛应用于多个社会科学研究领域，可以有效解决许多社会现象中的具体的因果模型。

社会网络是指一组行动者及连接他们之间的各种关系的集合。社会网络理论认为任何企业或个人都嵌入在一定的"联结"中，这些联结相互交织，构成了多重、交叉重叠的网络，网络中的行动者与其他行动者保持一种或亲密或松散的关系，有利于其接触、获取资源[102]。刘军[103]提出分析社会网络时可以用点表示社会行动者，用点之间的连线表示行动者之间的关系，根据分析的着眼点不同，社会网络可以分为网络结构和网络关系[102]。网络结构关注行动者在网络中的位置，相关分析中，常用中心度、密度、中心势、结构洞等核心概念来测量，相关研究代表学者有Burt[104]等。而网络关系分析的重点是节点与其他节点的关系特征，测量时常用的指标有关系强度、关系质量和关系的持久性等[105]，相关研究代表学者有Granovetter[10]、边燕杰[106]等。

本书的研究基础主要是网络关系，接下来重点介绍网络关系的相关内容。

（1）关系强度。关系强度是衡量网络关系的重要指标，Granovetter 在其著作《弱联结的力量》中提出，组织之间，人与人之间交流形成的纽带关系有强弱之分，可以根据网络关系强度的不同，将关系划分为弱关系和强关系两类。强关系在组织关系和人际关系中具有重要作用，而弱关系在异质性知识传递过程中的作用更为明显。Granovetter进一步指出强关系的主体间比较熟悉，经验、背景等相似，频繁互动的信息大部分是重复的，而弱关系的主体间存在着较大差异，相互传递可以增加新的价值[10]。

（2）关系质量。关系质量是测度网络关系的重要指标。关系质量实际上反映的是网络关系主体对互动关系的评价和由此产生的心理感受[107]。Crosby 等

（1990）认为关系质量可以从信任和满足维度考核[107]，Hennig-Thurau 和 Klee（1997）认为信任、承诺能够反映关系质量[108]。

（3）关系的持久性。关系持久性描述网络节点与其他节点的时间跨度，主要反映网络关系的稳定程度。稳定性意味着网络中节点间的关系不断发生变化，既有新关系的产生，又有老关系的消失。因此，持久的关系意味着个体和组织对发展长期关系的渴望，愿意投入一定的时间和精力去维持关系[109, 110]。

2.6.2.2 社会网络分析法

社会网络分析法是根据数学方法、图论等发展起来的对社会网络的关系结构以及属性进行分析的规范方法。大多数传统的社会学研究通常采用非网络分析的统计方法，将行动者看作独立的单位，认为行动者的决策和行为仅仅是个体的事情，忽视了行动者所嵌入的社会环境。社会网络分析法认为行动者参与到由多个行动者构成的社会环境中，行动者之间相互依赖，形成的各种关系影响和制约着个体的行为。

社会网络分析法既可以从宏观的整体网络（global-network）角度，也可以从微观的自我中心网络（ego-network）角度分析网络的关系结构。整体网络分析重点是整体网络结构，关注的是所有点之间的关系，可以通过网络的紧密性、网络中心性等指标来衡量。具体的分析过程中，作者需要弄清楚网络的边界，并且在数据收集的过程中需要所有行动者的配合，以便于刻画完整的网络。收集的数据往往是 0 或 1 的类别数据，0 表示没有网络关系，1 表示有网络关系[103]。

与整体网络分析不同，自我中心网络分析关注的自我与其他行动者的关系，以及与我有联系的其他行动者之间建立的关系，分析重点是相关关系形成的社会网络对个体行为的影响，可以通过联结强度、网络密度、网络范围等指标衡量。

由于社会网络分析法在宏观整体网层面和微观自我中心网层面同时具有独特优势，Reagans 等[111]、李树茁等[112]获取数据时，采用两者结合的方式，在一个相对较清晰的整体网边界内，对自我中心网展开研究。相关研究认为，在清晰地整体网边界内，行动者之间通过互动产生关系，从而构成了衍生个体网，这一网络会同时具备整体网络和自我中心网络的特征，因此，可以同时进行网络整体结构和个体社会联结的分析[112]。

本书的研究过程中，延续整体网和自我中心网相结合的社会网络分析方法，在企业协同产品创新客户这一整体网络边界内，研究协同客户与协同客户之间直接的或间接的关系对客户知识分享活动产生的影响。

2.6.3 理性行为理论

2.6.3.1 理性行为理论内涵

理性行为理论（Theory of Reasoned Action，TRA）是用来预测和解释人类行为的通用理论，已有大量研究对理性行为理论在不同情境下的有效性进行了检验，并证实理性行为理论可以被用于预测多种行为。理性行为理论可以表述为下面的方程[113]：

$$B - I = (A_B)\omega_1 + SN\omega_2 \quad (2-1)$$

其中，B 指个体的行为，I 指行为的意向，反映个人执行某一行为主观意愿的强烈程度，A_B 指个体行为的态度，指个人对行为目标的正面或负面的感受，是个人感知到的与行为相关的结果和对这些结果评价的函数；SN 指个体行为的主观信念或规范，即个体认为有多少人认为他应该做，是规范性信念和动机的函数。ω_1 和 ω_2 是经过验证得到的标准化系数[113]。依据理性行为理论，最终决定行为的因素是行为意向，而行为意向又由态度和主观规范决定，理性行为理论认为不受使用者控制的外部因素能通过态度和主观规范来影响个人的行为。

2.6.3.2 理性行为理论维度构成

（1）行为态度。理性行为理论将主观信念或规范和态度作为前置变量。之后，不少学者对此进行了拓展。加入情景变量是近年来理性行为理论扩展的一个热点，例如，Miller 就理性行为理论在不同文化背景下的实用性进行研究[114]。这一理论还被应用于多种多样的社会行为中，例如优惠券使用行为[115]、品牌购买[116]。Davis 将理性行为理论引入信息技术领域，并针对信息技术领域的特殊性，开发出了 TAM 模型，TAM 模型中摒弃了理性行为理论中的主观信念或规范[117]。对行为态度的深化研究是理性行为理论扩展的又一个热点，相关研究认为，行为态度可以进一步划分为认知和情感两个维度，其中，情感是行为所引发的情感体验，而认知则更多是从认知角度对行为的有利性进行评估[118, 119]。

（2）行为意向。理性行为理论将行为意向和行为作为结果变量。但是，在具体情境的研究中，不同学者采用不同的变量，一些研究者使用行为意向和行为两个变量来进行研究[120-122]，还有一些研究者单独使用行为意向[123-125]或行为[126-128]作为结果变量。

2.6.4 治理与联盟治理理论

"治理"一词最初是西方国家的政治术语，最初的意思为操纵或控制，在很长时间里和"统治、政府"及"指导、引导"意思相近。近年来，被引入各类人文社会科学的研究文献和论著中，被赋予了新的解释[129]。

从 20 世纪末开始，"治理"一词频繁出现在行政学、社会学、经济学等诸多学科领域，拉开了对治理理论研究的序幕。Rhodes 从国家、社会、公司、自组织、新公共管理和善治 6 个方面对不同领域的治理进行了详细的阐述，其中，用于公司层面的解释为：治理就是为了正常维护企业运行而使用的管理、监督、控制、协调等多种组织管理手段[130]。

近年来，随着企业联盟相关研究的发展，联盟治理成为治理理论在企业层面的发展方向。联盟治理的核心问题是联盟协同治理。

联盟协同治理是针对联盟运行过程中常出现的联盟不稳定或联盟成员间冲突等问题从企业联盟的形式、成因等方面进行分析，并研究如何维持联盟稳定。Gulati、任旭的研究表明，联盟企业间的相互依赖对于联盟治理非常重要，联盟内企业间依赖程度越高，联盟稳定性就越高[131, 132]。Sim 和 Ali 聚焦于联盟成员间的协作与心理距离，研究得出这两个因素对联盟的稳定性具有重大影响[133]。袁健红和施建军研究了联盟企业合作时在目标、利益、程序和感情等方面存在的潜在冲突，并提出治理时应遵循信任、双回路和一体化三个原则[134]。

另外，针对联盟治理的治理思路，传统的治理理论认为，完整的治理概念包括治理结构、治理工具和治理主体多元化。其中，治理结构指具体的制度安排；治理工具即技术工具，指治理中采取的策略或方式；治理主体往往不是唯一的，涉及相关利益者[130]。

第3章　网络环境下客户协同产品创新开展过程分析

传统的产品创新模式中，客户是产品创新的需求者，产品创新需要对客户需求进行识别、分析和转换，很容易产生偏差和缺失。客户协同产品创新指产品创新中充分利用客户或专业技术人员在创新技能和产品知识结构方面的优势，借助协同工作环境和各种工具和手段，通过使客户和专业设计人员协同工作，将两者的优势进行互补，激发群体创造能力，开发新产品。网络环境下的客户协同产品创新由于创新人员的分散性、多样性、异质性和协同性等复杂特性使得这一情境下的知识分享活动具有动态性和不确定性。因此，有必要采用适当的研究工具和方法，分析这一群体协同创新的开展过程和协同创新方式。

本章的研究对应科学问题1：如何对网络环境下客户协同产品创新活动的开展过程和协同特征进行分析。为了解决这一问题，本章将首先对网络环境下客户协同产品创新的开展过程进行分析，然后基于生态系统原理和创新生态系统理论，剖析网络环境下客户协同产品创新系统的构成要素和要素相互作用。本章的研究是后续相关章节研究的前提和基础。

3.1 网络环境下客户协同产品创新过程

客户协同产品创新是企业开放式创新的重要模式。通过客户协同，可以将外部的创新思想引入到企业的产品开发中，此时的创新过程不再是一个简单的、线性的过程，演变成具有复杂反馈机制的科学、技术、学习、生产、政策、需求等诸要素相互作用的过程。网络空间使个体彻底脱离了原有知识交流的面对面方式，得以在虚拟空间互动和合作，交换信息、协同创新。

客户协同产品创新的本质是产品知识创新。Nonaka 等 [15] 将传统企业知识创造过程定义为企业隐性知识和显性知识相互转化的过程,经历了内隐向外显,最后又流向内隐的知识循环转化方式,最终实现知识的螺旋式上升,这一过程包括三个基本模块:知识场、知识创造过程和知识资产。相比传统的封闭式创新,网络环境下的开放式创新吸纳了更多的创新要素,不再是一个简单的线性过程,而是在科学、技术驱动下的学习和生产交互的复杂的相互作用过程 [135]。在这一过程中,与传统的封闭式创新过程相比,网络环境下的客户协同产品创新流程和场所都有所改变。

3.1.1 产品知识创新阶段

(1)客户知识创造阶段。封闭式知识创造集中在企业内部,由员工完成,网络环境下的知识创造主体是消费者或客户等个体,基于兴趣和能力,提出问题,相互讨论,最终形成新的知识或思想。此时,网络空间成为知识创造的主场所,Nonaka 等 [15] 认为,这种知识创造过程是隐性知识和显性知识相互转化的过程。De Maggio 等 [136] 通过研究发现,这种放权的、自组织的情境可以激发大规模群体创造行为并使新知识呈指数式增长。

(2)产品知识采纳阶段。群体智慧只有转化为生产力,才能真正实现其价值。产品知识采纳阶段是网络平台中的产品知识转化为企业内部产品知识的重要阶段,企业将外部的产品知识引入企业内部,加工形成企业自身的知识体系。March[137] 认为,企业的这种外部知识学习行为以探索性学习为主,这种探索性学习涉及更多的是隐性知识的学习。Nonaka 和 Takeuchi[76] 指出,由于隐性知识来源于个体经验,很难描述,其捕捉和采纳比显性知识要困难很多,通常需要个体更深程度的交流和更大程度的投入。因此,产品知识采纳阶段,知识拥有者的知识贡献意愿尤为重要,决定着企业客户协同产品创新开展的成效。

(3)企业内部产品知识传送阶段。产品知识传送阶段主要指产品知识在企业内部的知识共享过程,March[137] 认为这一过程以挖掘性学习为主,即通过挖掘类似项目的成功经验或开发已经知道的知识来执行项目。由于产品知识来源于企业外部的网络平台或空间,异质性程度较高,员工往往对这类知识采取"排斥"甚至"驱逐"的态度,使得这一阶段的知识流失率远远高于其他几个阶段。解决这一难题,一方面通过完善产品知识采纳阶段的知识贡献意愿,使得采纳阶段的知识相对丰富。另一方面可以采取开放式创新机制,将外部资源,尤其是外部关键产品知识拥有者引入到企业内部,从而为产品知识的共享提供技术或智力支持。

(4)产品知识审核与修订阶段。产品知识审核与修订是指企业将引进的隐性知识和在此基础上的创新知识进行记录、总结和编码,使其以显性化的形式保存下来。Nonaka 和 Takeuchi[76]认为,显性化知识很容易被不同的部门描述、采纳,对企业的知识传播和延续起到了很重要的作用。另外,通过对产品知识审核和修订,企业能够明确内部产品知识存储情况和利用状况,也有利于企业下一轮的知识创新活动的开展。

3.1.2 产品知识创新模型

与传统的 SECI 模型相比,网络环境下的产品知识创新经历了网络空间知识创新和企业内部知识创新两阶段螺旋转化(见图 3-1),虽然两个阶段知识的转化方式相近,但是转化场所和转化过程却有所不同。

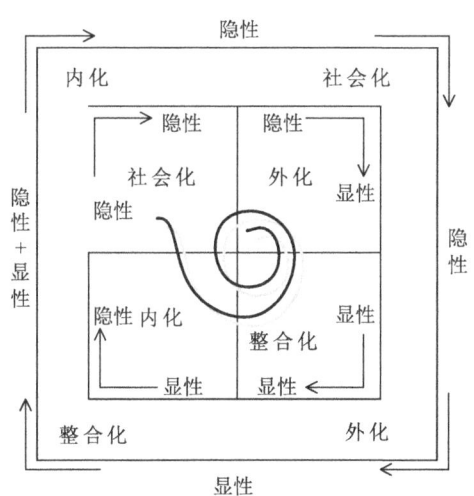

图 3-1 网络环境下知识创新双螺旋转化过程

(1)网络环境下客户知识创新活动。网络环境下客户知识创造活动是个体知识创造和群体知识分享的过程,如图 3-1 所示,网络环境下知识创造活动包括个体知识的外化、整合化、内化和社会化的过程。其中,外化指隐性知识向显性知识转化的过程,整合化指显性知识间的组合,内化指显性知识向隐性知识转化的过程,社会化指隐性知识向隐性知识转化的过程。这一过程与 Nonaka[15] 提出的转化过程基本相同，只是创新情景有所不同。Nonaka 的知识转化模型发生在企业内部，知识的同质性较高，Ahuja 和 Lampert[138] 认为，企业内部的知识创造容易使企业创新进入"熟悉陷阱"和"相似性"陷阱，不利于企业长期的创新活动。而网络空间的知识来自于成千上万的网络创新客户，网络客户的自由性和多样性使得他们往往拥有大量未开发的异质性创意，这种创意一旦得到开发或实施，可以获得长远的知识创新价值。

（2）企业内部知识创新活动。一旦网络空间的知识被引入企业内部，就进入了企业内部知识创造过程，此时转化过程与 Nonaka [76] 的转化过程相同，不同之处在于被引入的知识通常以文字、音频或视频的形式表现，属于 Nonaka [76] 定义的显性知识范围，其实施需要网络空间参与者大量隐性知识的支持，否则很难进行相关知识的转移。因此，企业内部的知识创造效果很大程度上取决于网络空间参与者的知识贡献意愿及供给程度。一旦外部条件成熟，企业就会充分调动内部技术和能力进行对接，通过多种途径实现产品知识共享，通过相关技术和手段实现产品知识的记录、描述和编码，并通过挖掘内部相似产品知识实现产品知识的整合和提升。

3.2 网络环境下客户协同产品创新系统分析

本书的研究对象为网络环境下协同产品创新的客户，协同主要方式为知识分享。由于客户知识具有多样性、独特性、动态性、隐性化等特征，而分享媒介也随时代变化不断演进，为研究客户的知识分享带来了较大困难。针对上述独特性、动态型、演变性等特征，本节应用生态系统原理和创新生态系统理论来真实地拟合网络环境下客户协同产品创新开展的静态特征和动态演变特征。

3.2.1 网络环境下客户协同产品创新系统描述

如文献综述所述，生态系统通常指在一定空间中共同栖息的所有生物之间以及生物与环境之间物质循环和能量流动而形成的整体 [95]。参照生态学的观点，任何一个特定范围的系统都可以视作一个生态系统，系统元件为分布在系统内部的族群，生态学主要研究这些族群或群落的相关关系。很显然，网络空间下的客户协同产品创新系统可以被视为生态系统，系统元件为网络环境下的协同创新客户群落[139]。通过生态系统理论可以探索这些群落之间的静态特征以及演化过程。从系统角度对网络环境下客户协同产品创新进行分析（见表3-1）。

表3-1 生态系统与网络环境下客户协同产品创新系统

研究范围	生态系统	网络环境下客户协同产品创新系统
主体	特定生物个体	特定的客户
物种	相同基因生物个体	相同兴趣和爱好的主体组成的兴趣小组
族群	同地域、同物种个体组成的复合体	同一网络环境下，各兴趣小组形成的创新团队
群落	同地域、不同生物族群的复合体	同一网络环境下，不同创新团队形成的创新群落
生态系统	同地域、生物群落和外部环境的复合体	同一网络环境下，创新群落和外部环境的复合体

就系统主体而言，客户协同产品创新主体通常是企业客户，企业开展协同创新的主要场所为通用平台或自建网络空间，例如，苹果公司的应用程序商店，谷歌公司的Android市场平台，戴尔公司的IdeaStorm平台，海尔公司的各个网络创意平台，以及小米公司的小米社区等。另外，除了平台和虚拟社区，众多网络空间，甚至一个简单的QQ、微信群落都可以成为客户协同产品创新的场所。

就系统物种而言，传统的创新物种通常以组织为边界，以人为表现主体。而网络空间下的客户协同产品创新物种大多是基于个体兴趣和爱好而组建的，人的地位弱化，知识的地位强化。网络平台、空间、虚拟社区中的各种兴趣小组随处可见，且大多数兴趣小组都被赋予明确的知识标签，个体通过检索关键字就可以找到相应的小组。例如，QQ群里的各类兴趣群、经管之家里的知识部落、维基百科里的各个知识学科。

就系统族群而言，网络空间下的兴趣小组基础上的创新团队即为协同创新族群。与传统的创新团队有所不同，网络环境下的创新成员往往分布在不同地理位置和不同行业，相互不认识。因此，团队中异质性知识较丰富，如果加以合理利用，协同创新效果较好。这些生物会随着时间、气候等外部环境下而不断演化，一个群落最终会被另一个性质完全不同的群落演替。

就系统群落而言，网络空间下的创新团队不是孤立生存的，会和其他创新团队共居，形成完整的创新群落。例如，戴尔公司的 IdeaStorm 平台、小米公司的小米社区里生存着成千上万个创新团队，这些创新团队会随着时间和创新环境的变化而不断演变，逐渐衍生出"QQ 社群""微信社群"等新的创新形式和创新群落。

网络环境下的创新生态系统指创新团队、创新群落和网络环境之间进行物质和能量交换所形成的系统。例如，IdeaStorm 平台、小米社区里的创新者、创新团队和创新群落会通过多种方式和网络环境发生物质和能量交换，网络环境对这些创新主体的分布、生长和演化有着直接或间接的影响。

生态系统分析的目的是了解系统构成要素及其在时间、空间领域的分布和物质、能量交换的条件、途径及过程。

3.2.2 网络环境下客户协同产品创新系统要素识别

客户协同产品创新系统也是知识生产系统。知识系统通常由知识主体、知识点集和知识产品三类要素构成，其中知识主体指知识的载体，主要包括拥有知识的个体和企业（组织），知识点集指各类主体所具备的知识的集合，包括隐性知识和显性知识的总集合，而知识产品指知识的非生命载体，指知识主体的工作成果，可以是物化设备，也可以是知识协作过程中形成的成果性文档[140]。因此，客户协同产品创新生态系统可以看作是在主体、协同对象（客体）和媒介组成的知识系统基础上的创新活动或过程[47, 139]。与传统的客户协同产品创新系统相比，网络环境下的协同创新系统在创新主体、创新对象和创新媒介上具有以下特征（见表 3-2）。

表 3-2 客户协同产品创新比较

项目	主体	客体	媒介环境
传统的客户协同产品创新	局限于企业内部、集群、供应链或生态系统，受组织、地理边界的限制较多；主体间拥有的同质性知识较多	局限于模块化知识和同质性知识；知识往往存储在企业、集群、供应链或生态系统内部，共享范围较小	成果性文档；物化设备等
网络环境下的客户协同产品创新	突破了组织和地域的限制，表现为基于兴趣、特长或爱好形成的项目小组；成员间拥有的异质性知识较多	领域或模块限制不明显，异质性知识较丰富；知识存储于网络空间，便于更广范围的人群共享	网络平台；社会化媒体

(1）主体。主体是客户协同产品创新的核心，网络空间下的协同创新主体包括以下几类：① 企业。企业是网络空间下的创新主体，一方面，通用平台兴起为企业组建或参与创新提供了空间和技术支持，将政府、金融机构、企业和个体等各类创新主体汇集在一起，形成优势创新生态系统。另一方面，在信息技术的支持下，企业通过组建各类网络空间将外部资源链接在一起，进行信息共享和知识创新。目前，宝洁、戴尔、海尔、华为等诸多企业纷纷建立了自己的虚拟社区。② 个体。个体是网络空间的创新主体，个体参与协同创新的形式多样化，虚拟社区、网络平台、社群、社交媒体等网络空间，都可以成为个体交流、协作、创新的平台。

（2）协同对象（客体）。产品是客户协同产品创新的对象（客体），客户协同创新的目的是充分利用客户所拥有的知识生成新的产品知识集合。根据创新主体的不同，产品的知识点集也可以分为企业知识点集和个体知识点集。根据产品属性的不同，产品知识点集又可以分为隐性知识点集和显性知识点集[47]。传统组织的产品知识点集往往局限于创新相关领域，而网络环境下产品知识点集的宽度和广度都有很大程度的扩展，不再仅仅局限于和特定产品相关的知识集合，例如，设计手机的技术人员很有可能在洗衣机领域有所特长，而这些特长所包含的知识点集在网络空间下会发挥作用，成为手机领域协同创新的重要产品知识来源。

（3）媒介。媒介是产品知识的存储载体，同时也是协同创新开展的外部环境。传统组织中的知识往往局限于成果性文档或物化设备，关键产品知识往往存储于企业内部，且受企业知识产权的保护，很难扩散和共享[141]。网络环境下，客户协同创新的表现形式、组织方式发生了很大改变。文字、音频、视频等手段的使用使产品知识能够在更广范围内共享，同时能够得以保存，以知识库的方式实现其价值。组织方式上，协同主体的无组织化使得产品的知识内涵更丰富，深度和广度进一步扩张，产品知识存储不再局限于组织内部，网络数据库、网络空间成为产品知识组织和存储的重要场所。

3.2.3 网络环境下客户协同产品创新系统要素作用

网络环境下客户协同产品创新系统要素间关系，既包括相同要素间（主体、客体、媒介）的关系，也包括不同要素间（主体—客体，主体—媒介、客体—媒介）的关系。网络环境下客户协同产品创新系统要素相互作用是在这几类关系基础上的要素分布、互动、竞争和演化过程[139]。

（1）要素分布。传统组织的协同创新生态系统中，受地理位置或组织边界的限制，知识主体往往处于企业、项目组、集群内部或供应链某环节，主体间熟悉程度较高，拥有的同质性知识较多。而网络空间下的协同创新通常以虚拟的组织或社群的方式存在，创新主体来源于世界各地，基于共同的兴趣或爱好，围绕某一知识点展开合作，并完成产品的创新过程。此时，创新主体间的关系开始弱化，主体间异质性知识的重要性开始凸显。

（2）要素互动。网络空间下，客户协同的组织形式灵活，打破了部门限制和交流障碍，协同主体可以就自己感兴趣的知识点进行交流、讨论，共享的知识点构成了强大的知识库。主体之间、主体和知识之间、知识之间的关联呈现复杂的网络关系（如图3-2所示）。其中，主体之间的关系是基于主体之间相互交流、讨论而形成的社交网络；主体与知识之间的关系是基于若干个协同主体针对某一感兴趣的知识点展开讨论或加工，从而形成的协作网络；知识之间的关系是基于网络空间下知识的组织形式或推荐关系而形成的知识网络。

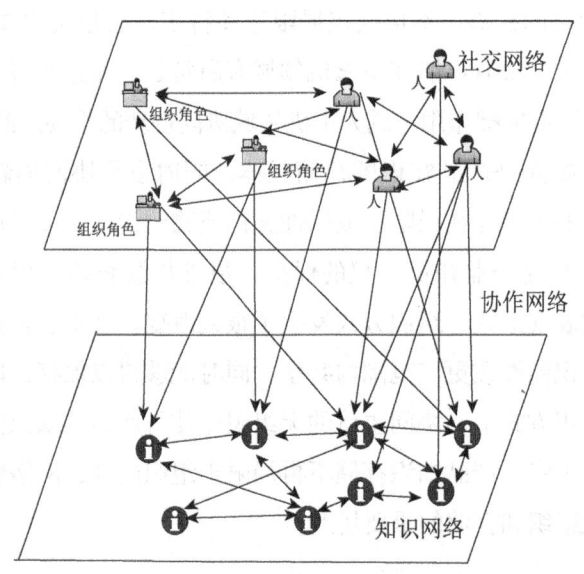

图 3-2 网络环境下客户协同产品创新系统要素互动图

（3）要素竞争。网络环境下客户协同产品创新系统要素间竞争主要指协同主体及族群之间合作及冲突等竞争模式[139]。相关研究得出，客户参与协同创新的行为主要分为三类：知识共享、知识贡献与知识交易。①知识共享：在相关网络情境及内外激励因素的作用下，客户之间通过交流，将自身知识共享的过程[43, 142, 143]。②知识贡献:在相关因素的刺激或作用下,个体以上传资料、回答问题等多种方式将自己的知识贡献给其他个体或企业的过程[21, 26]。③知识交易:在技术情景和经济因素的支持下,网络个体或企业以交易的方式将自身非核心知识转移的过程[44]。

(4) 要素演化。互联网对客户协同产品创新的影响深远,且处于不断演化过程中。受组织和地域的限制,传统的客户协同产品创新中,创新主体多为企业。网络空间的发展使得个体获取、分享、加工和创新知识成为可能。信息技术发展先后经历了 Web1.0、Web2.0 和移动互联时期,网络空间下的客户协同产品创新形式不断演变,协同主体的多样性和协同载体的多样性呈现上升趋势[65](见图3-3)。

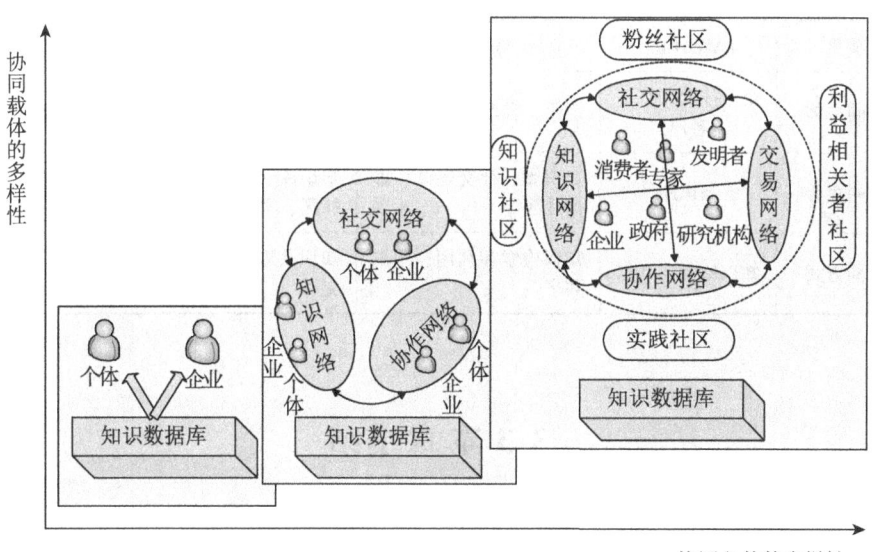

图 3-3 网络环境下客户协同产品创新系统要素演化阶段

Web1.0 时代,网络"读"功能使得通过网络平台和数据库(例如百度、知网等知识库)检索和利用知识成为可能,这一功能极大提升了同时期的客户协同产品创新效率。

Web2.0 时代,随着网络交互功能和社交媒体的兴起,通过 QQ、微信进行知识传递和交流,通过各类网络空间进行产品协作或知识分享成为可能。此时,知识网络、协作网络和社交网络基础上的知识创新主体关系纵横交错,形成了协同创新网络,但此时的创新主体类型单一,仍然局限企业和个体,且主体间的关联程度较弱。

移动互联时代，随着移动终端的普及及语义知识网络的应用，协同创新的主体不断增加和演化，生产消费者的崛起促使个体逐步分解为普通用户和粉丝，而产学研虚拟社区的流行则带动政府、金融机构、社会组织等加入产品协同创新。由"产销者"粉丝社区、企业虚拟社区、利益相关者社区、各类实践社区、科学社区以及知识社区组成的新的协同创新生态系统正在形成[65]。此时，协同创新的方式根据系统要素之间的关系呈现多种形式，既表现为个体和企业知识的检索，也表现为个体—个体、个体—企业、企业—企业之间的知识共享、知识贡献和知识交易（见表3-3）。

表3-3 网络环境下客户协同产品创新系统阶段比较

项目	Web1.0	Web2.0	移动互联
协同主体	企业技术人员、客户	企业、客户	粉丝、客户、企业、政府、社会机构等
协同媒介	知识库	知识库、社交媒体、虚拟社区等	知识库、网络数据库、知识社区、粉丝社区、实践社区、利益相关者社区等
协同方式	知识检索和利用	知识检索和利用；知识共享	知识获取、知识共享、知识贡献、知识交易

3.3 本章小结

本章分析了网络环境下客户协同产品创新活动的开展过程，并基于种群、群落和系统的形成与分布及系统与环境的关系、作用及演化等生态系统原理和创新生态系统理论来分析网络环境下客户协同产品创新活动的协同特征。研究结果表明，网络环境下的客户协同产品创新具有生态系统的典型特征，系统元件为网络环境下的协同创新客户群落，系统要素为协同创新主体、协同对象（客体）和协同媒介，要素的分布、互动、竞争和演化具有明显的生态系统特征。

第4章 网络环境下客户协同产品创新知识分享的探索性案例研究

通过第3章的分析，本书对网络环境下的客户协同产品创新的开展过程、关键要素及要素的相互作用从理论上有了初步认识。本章将在第3章的基础上，针对网络环境下客户协同产品创新知识分享活动的运作机理进行初步分析，以此来构建客户协同产品创新知识分享的初始模型和初始命题。

本章的研究对应科学问题2：如何对网络环境下的客户协同产品创新知识分享活动进行深层次解构和剖析？为了解决这一问题，本章首先对案例研究方法和案例研究对象进行了介绍，然后进行了较为严谨的研究设计工作，包括对象选择、资料收集、关键构想识别和数据分析工作，最后对研究过程中的研究发现进行了重点论述，并提出初始命题。

4.1 案例研究方法概述

4.1.1 案例研究的概念

案例研究是一种实证方法，常被用于被观察现象与研究情景之间边界难于区分时，来调查被观察现象的发展状况，其优点是将被研究对象放置于现实情景中进行研究。案例研究的作用在于构建新的理论或者验证已有的理论。即便是验证已有理论，也常常会发现新的观点，这些观点往往是已有理论在新的研究情景下产生的改变[144]。

不同研究方法有它最适合的研究环境，案例研究方法最适应的研究环境为：①研究问题是类似于"怎么样""为什么"之类的问题。②研究对象是当前环境下正在发生的问题。③研究者无法控制研究对象[144]。

4.1.2 案例研究的类型

划分标准不同，案例研究的类型就会有所不同。按研究目的不同，案例研究可以分为探索性案例、描述性案例和因果性案例。其中探索性案例适应于研究者对研究对象的特点、问题性质、理论假设和分析工具了解不清晰时使用，常用于初步研究，其重点是提出假设，可以为正式研究奠定基础；描述性案例适用于研究者对研究对象有一定了解，其重点在于描述案例的实际情况，从而对研究对象展开更为细致、深入的描述和说明；因果性案例研究主要是通过细致观察，深入分析不同现象间存在的函数关系，其重点在于验证提出的问题。

按研究对象的个数不同，案例研究可以划分为单案例研究和多案例研究。单案例研究往往局限于验证某个理论或假设，或者分析一些极端的、独特的研究问题；而多案例由于可以对案例对象进行相互检验和比较分析，研究效度较高，研究结论说服力更强，普适性更高。因此往往用来构建新的理论架构。

本书采用多案例对象基础上的探索性案例研究。

4.1.3 案例研究的步骤

案例研究虽然形式、风格多样，但仍然遵循一定的步骤，Yin [144] 提出案例研究的主要步骤包括研究设计、准备工作、收集论据、分析论据、撰写研究报告。并强调这些步骤呈现线性和往复的特征。还着重提出研究设计的内容，认为研究设计主要包括问题的确定、理论假设的提出、分析单元的确定、假设逻辑的形成和研究结果解释标准等。按照 Yin [144] 的分析，案例研究主要划分为准备、执行、对话三大阶段。其中准备阶段主要包括启动、设计研究和选择案例三个内容；执行阶段主要包括收集资料、分析资料和形成假设三个内容；对话阶段包括文献对话和结束两个内容。

4.2 案例样本选择

4.2.1 海尔集团

（1）海尔集团介绍。海尔集团创立于1984年，最初从事家电行业，靠引进德国先进技术起步，经过了20多年的发展，已经从当年只有600人的集体小厂发展成为今天员工超过 60000 人，业务遍布全世界的全球化集团公司。

海尔集团的发展和壮大离不开客户，海尔公司成立以来的核心经营理念即一切以顾客为中心。早期的家电市场，产品供不应求，海尔集团没有迎合市场需求盲目生产，而是紧紧围绕早期顾客最看重的"质量"为生产准则，甚至不惜砸掉 76 台微有缺陷的冰箱，来唤醒员工的产品质量意识。20 世纪 90 年代，家电市场竞争企业逐步增多，市场价格战此起彼伏。作为行业领头企业，海尔集团并没有盲目追赶市场热潮，靠降低价格抢占客户市场，而是严把质量关，同时围绕客户服务展开创新，在国内家电行业率先推出"用户只需一个电话，剩下的事情我们来做"的星级服务口号，从而满足了家电行业价格竞争时期"零烦恼"的顾客需求。

产品创新是海尔集团的灵魂。海尔集团的产品创新经历了引进创新、合作创新和自主创新三个阶段[145]。引进创新阶段，海尔集团通过设立冰箱生产基地引进国外先进的冰箱生产技术，并不断派技术人员到国外相关企业参观和学习，最终解决了冰箱生产难题，推出亚洲第一台四星级电冰箱，并成立了自己的品牌。技术引进后的合作创新阶段，海尔集团先后与日本的东芝、美国的微软、荷兰的飞利浦等国外大公司签订技术合作开发协议，合作的过程中不断提升自身技术水平，并逐步成立了海尔国家级研发中心和多家国内外技术合作公司。随着海尔集团的不断壮大和技术水平的不断提升，自主创新逐渐成为海尔集团的主要创新方式。国际化研发网络是海尔自主创新的重要平台，这一研发网络以海尔中央研究院为核心，在全球设立研发分支，实时地动态监测和跟随全世界的先进技术。"客户需求"是海尔自主创新的核心动力，为了实时监测市场需求，海尔集团建立了多个信息站来监测市场需求和产品更新信息，并建立了 18 个一流配套设施的实验室做新产品研发。进入 21 世纪，信息技术的普及和互联技术的繁荣为海尔创新增添了新的活力，需求市场的碎片化对企业创新提出了新的挑战，海尔公司迎合这一市场需求，尝试将企业原有的"生产—库存—销售"模式转变为迎合市场碎片化需求的"用户驱动"定制化生产模式，并通过多种途径和方式将客户创新纳入企业产品创新范畴，客户协同产品创新成为现阶段海尔集团的重要创新方式。

（2）海尔集团客户协同产品创新开展过程。海尔集团自成立以来一直重视客户在产品创新中的重要性，通过多种方式和手段确保产品的设计、开发过程能有客户参与或广泛采纳客户的意见。互联网时代，海尔从传统的家电制造企业转型为面向客户的社会孵化创客平台，并建立了围绕员工、组织、用户、薪酬和管理六方面开展的动态循环系统和以用户为中心的海尔生态开放平台。海尔集团的客户协同产品创新过程包括创意和产品设计的提出、采纳、传送审核与修订。产品或创意的提出主要集中在网络平台，平台汇集了完整的产品创新要素，从创意提出、被交流，到最终被采纳，产品的创新过程经历着社会化、外化、整合化和内化的螺旋式产品创造过程。例如，海尔"天樽"空调就是在海尔生态开放平台上，由海尔空调交互团队针对"空调病"的技术难题和用户互动，最终形成67万多条改进信息，5次筛选、多次交互后形成的产品，并凭借这一产品申请了65项专利技术。可见，通过客户协同产品创新，网络平台中大量的异质性知识源源不断地输送到海尔内部，并在企业内部实现知识的采纳、传送、审核和修订过程，这一过程有利于企业对产品知识进行创新。

（3）海尔集团客户协同产品创新开展平台。海尔集团充分利用网络空间，搭建了HOPE创新合伙人社区（http：//hope.haier.com/）、海立方（更名为海创汇http：//www.ihaier.com/）、IDEA众创意（http：//idea.haier.com/）等多个开放式客户协同产品创新平台，组建或参与了70多个成熟的智慧社区，每天有超出100万的活跃粉丝参与海尔新产品的开发和互动，平均每日产生的有效创意多达200项[146]。其中，HOPE平台主要致力于为创新企业提供技术对接和技术转移等服务，而海创汇、卡萨帝创意工场和IDEA众创意平台是较为出名的客户协同产品创新的专业化平台。其中卡萨帝创意工场和IDEA众创意平台是海尔集团的主要客户创新互动平台，两个平台通过打造永不落幕的设计大赛，吸引全球热爱创意的客户参与海尔产品创新。两个平台的创新板块主要分为任务、创意和其他板块。在任务版块中，企业定期发布企业需要解决的问题，通过悬赏金来吸引用户参与，从而起到收集创意和灵感的作用。在创意版块中，主要展示平台客户的创意或产品设计方案，以及对电器现状的一些看法。在创意下方，通常会吸引多个用户评论，从而引发对创意改进的讨论。其他版块则比较灵活，经常会有话题讨论，方案讨论等内容，交互功能也较强。

4.2.2 戴尔公司

（1）戴尔公司介绍。戴尔公司创立于1984年，总部位于美国德克萨斯州，最开始做电脑整机，逐渐发展成全球第四大电脑硬件制造商，现在是全球知名的整体解决方案提供商和电脑软硬件服务提供商。

戴尔公司一直重视客户在企业中的核心位置，早期通过"与客户结盟"的直销模式使企业与消费者之间零距离接触，客户产品需求能快速、准确地被企业捕获。互联网时代，戴尔公司应用互联网推广其直销模式，在1994年推出了公司网站，并于1996年加入了电子商务功能。目前，基于微软视窗操作系统，戴尔公司运营着全球规模庞大的互联网商务网站。

戴尔公司重视互联网在客户关系中的重要作用，将互联网应用贯穿于整个客户业务，包括客户信息的获取，客户关系和客户支持的管理。戴尔公司利用互联网将其领先的服务带给广大客户。目前，全球数十万客户通过网站与戴尔公司商务往来和交流。

（2）戴尔公司的客户协同产品创新开展的平台和过程。戴尔公司重视客户在产品中的创新作用，产品研发过程始终向客户需求展开。同时，通过多种方式引入外部创新型人力资源。IdeaStorm 是戴尔公司 2007 年创建的互联网基础上的企业虚拟社区（http://www.ideastorm.com/），同时也是客户创新社区，旨在利用大众智慧和创新思想对公司产品进行创新[147]。

戴尔公司的客户协同产品创新是基于社交媒体开展的。过程如下：第一，用户创建用户名后，就可以对现有产品或服务提出意见，并就自己的想法和创意或思想提供大纲或描述。第二，用户可以就其他用户的建议或想法进行评论，提出自己的思想和建议。第三，戴尔公司会设置专门的网站管理人员、公司内部技术人员对想法和创意进行审核，审核的标准通常是根据同行投票数和公司内部产品或创意是否已执行、执行程度决定。第四，客户提交的意见、想法和创意会在 48 小时内被确认，如果公司内部类似想法或创意已经被执行，相关内容会被授予"已执行"标记。审核通过且尚未被执行的想法或创意，网络经理会有选择性地送往内部相关部门审核，并授予"正在审核"的标签。第五，企业内部相关部门会仔细审核和评估提交的想法或创意，并最终做出"实施""部分实施"和"不实施"的决定，被决定"实施"的想法和创意，其投票和评论窗口被关闭；"部分实施"和"不实施"的想法或创意仍然开放投票和评论，意味着某一时刻这些想法或创意会被重新审核和评估[37]。

4.3 研究设计

4.3.1 对象选择

在以上案例样本分析的的基础上，本书最终选取了戴尔公司 IdeaStorm 平台（http://www.ideastorm.com/）、海尔公司卡萨帝创意工场（http://club.casarte.com/idea.php）和 IDEA 众创意平台（http://idea.haier.com/）的协同创新客户为研究对象，三个平台的情况介绍如表 4-1 所示。IdeaStorm 平台成立于 2007 年，经过几年的发展，平台相对平稳；卡萨帝创意工场成立于 2012 年，经过 3 年的发展，到 2015 年年底虽然平台仍在使用中，但由于平台推出新的形式，此平台的使用状况已不佳，甚至接近平台使用寿命晚期；IDEA 众创意平台是近几年海尔公司打造的客户协同产品创新平台，且发展势头和发展状况良好。因此，选择三个平台客户作为研究对象既可以全生命周期又可以侧重某时间段来了解和分析协同创新客户的知识分享状况。

表 4-1 案例研究对象介绍

研究对象	研究时间段	对象介绍	对象发展状况
IdeaStorm 平台	2014—2015 年	IdeaStorm 是戴尔公司 2007 年创建的互联网基础上的企业虚拟社区，同时也是用户创新社区，旨在利用大众的智慧和创新思想对公司产品进行创新	经过几年的发展，平台发展良好，运营截至 20015 年年底，有超过 700000 条用户建议
卡萨帝创意工场和 IDEA 众创意平台	2014—2015 年	卡萨帝创意工场和 IDEA 众创意平台是海尔集团客户创新互动平台，两个平台通过打造永不落幕的设计大赛，吸引全球热爱创意的客户群体参与企业产品创新和服务创新	卡萨帝创意工场成立于 2012 年，经过 3 年的发展，到 2015 年年底虽然平台仍在使用中，但使用状况不佳；IDEA 众创意平台是海尔公司打造的客户协同产品创新平台，现发展势头处于上升期

4.3.2 资料来源和收集过程

本书对三个客户协同创新网络平台进行了为期两年的资料收集工作。收集到了大量的真实数据和访谈资料，为研究协同创新客户知识分享的动态化分析和理论化探究提供了可靠且丰富的数据。具体而言，本研究采用一手资料收集方法：①对三个平台的跟踪观察长达两年时间，从 2014 年年初开始，于 2015 年年底结束。②对三个平台 2015 年年底可见任务和创意的发表者、任务和创意被评论的次数和相关评论者进行了数据采集,采集时间为 2015 年 9—11 月,约三个月。③ 与三个平台的协同创新客户进行访谈,访谈内容包括平台的使用状况、平台的其他协同创新形式和开展过程、知识分享的状况等问题,访谈与数据收集同期进行。访谈又采取了两种形式,第一种形式为开放式谈期,访谈对象只需要简单地谈及"协同创新的开展过程和相关心得",第二种形式为焦点访谈,访谈者要就本研究涉及的知识分享的相关问题进行回答,包括"和多少协同主体有过交流?是否经常沟通?"等问题。

4.3.3 关键构想识别与描述

本书第 3 章详细论述了网络环境下客户协同产品创新的开展过程及创新系统的要素构成及要素相互作用。通过分析获知,网络环境下客户协同产品创新系统通常由主体、客体(网络环境下,知识点集和主体融为一体,主体是点集的生命载体)、媒介三类要素及三类要素之间的关系构成。因此,从系统角度研究协同创新客户的知识分享会涉及主体要素、媒介要素、知识分享等多个关键构想,结合相关的理论分析和案例归纳,相关概念的界定与描述如下:

主体要素。本研究中所涉及主体要素指参与协同创新的客户,包括个体和参与管理的企业内部技术人员。客户协同产品创新主体要素的衡量主要包括主体静态属性衡量和主体间关系的衡量。参考刘海鑫等人[22, 91]的衡量标准,对主体要素静态属性的衡量主要从年龄、性别、参与协同的持续性时长等方面衡量。主体间关系研究属于社会网络的研究范畴,参考 Granovetter[10, 102]的相关测量标准,从网络关系角度衡量。

媒介要素。本研究中涉及媒介要素指客户了解产品信息或参与协同的平台或工具。随着网络环境和信息技术升级改造,客户协同产品创新的媒介因素在不断更新。参考 Rishika 等[28]的交互程度的衡量,Chang 等[35]的时间效应的衡量,张永云和张生太[30]对媒体关系多样性的测量,本研究对媒介要素的衡量主要考虑媒介的交互性、多样性。

主体—媒介关系。本研究中涉及主体—媒介关系主要指主体和媒介之间的互动。客户协同产品创新中,企业将相关信息和协同产品知识在各种媒介发布,以供协同客户及时了解和熟悉。参考 Granovetter[10, 102]对关系的衡量,张永云和张生太[30]对媒体关系的测量,从关系角度对这一变量进行衡量。

知识分享。文献综述中知识分享的研究通常从知识分享态度、意愿和行为几个维度衡量。参照这一特征,本书将知识分享拆分为知识分享态度、意愿和分享行为。根据 Bock 等[148]、Hsu 和 Lin[149]、张永云和张生太[30]关于知识分享意愿的测量和 Ma 和 Agarwal[150]、Chiu 等[74]关于网络环境下知识分享行为的测量标准来衡量知识分享意愿和行为。

另外,根据理性行为理论获知,知识分享态度包含情感和认知成分,态度的情感成分是个体对对象的情绪反应,常常表述为这件事或这个过程是怎样的[118,119];而认知成分主要指主体对对象的直觉、理性和判断,可以通过"有用的,有回报的,有利的、可以完成的"来表述[151]。本书也从情感和认知两个角度衡量协同创新客户知识分享的态度,并参考上述学者的测量标准。

4.3.4 数据分析过程

(1)系统要素分析。本研究在 2015 年 9—11 月挖掘和统计了 IdeaStorm 平台、卡萨帝创意工场和 IDEA 众创意平台客户协同产品创新的行为数据,每个平台都保留着至少从 2014 年 1 月至 2015 年 9 月,共 21 个月的数据。同时,每个平台选取了 20 名协同产品创新的客户进行开放式访谈和焦点访谈(IdeaStorm 平台最终参与者为 10 名),以了解三个平台的其他协同创新形式和开展过程。

第一,媒介要素分析。分享知识的媒介要素经历了两个阶段:第一阶段,网站模式(IdeaStorm 平台、卡萨帝创意工场、IDEA 众创意平台),客户通过各类网站获取信息,企业和客户之间也大多通过企业网站进行信息沟通;第二阶段,社会化媒体阶段,QQ、微信等社交媒体普及应用,企业纷纷开通微博、微信等平台进行企业信息展示和传递。

通过对三个协同创新平台用户的访谈获知:就媒介的多样性而言,第一阶段较为单一,第二阶段多样性得到了较大程度提升;就媒介的交互性而言,第一阶段交互功能不强,客户通常通过检索、阅读的方式获取信息和知识,第二阶段微博、微信平台的开通促进了企业对协同客户信息传递数量和质量的提升,且声音、视频等媒体功能的完善使得信息传递形式灵活,不再局限于检索和阅读。

第二,主体要素分析。主体要素分析包括:主体静态属性的分析和主体间网络关系的分析。静态属性分析研究发现,三个平台在年龄、性别等静态属性方面存在较大的差异性,其中,IdeaStorm 平台中,协同产品创新的客户年龄主要分布在 25~60 岁,而卡萨帝创意工场和 IDEA 众创意平台参与客户以 20~40 岁为主。

三个平台参与客户的性别也呈现出差异性,无较为统一的规律。

同时,研究发现,客户类别和客户参与持续性在三个平台中呈现出一定的规律。就客户类别而言,IdeaStorm 平台、卡萨帝创意工场和 IDEA 众创意平台协同客户通常是产品相关领域的领先用户,这些用户通常能先于市场主要群体察觉到产品变化趋势或者市场需求趋势,而此时企业由于多种因素尚未开展相关创新工作,所以领先用户往往会自己动手研发或者将自己的想法或创意传递给企业,参与企业的产品创新;就客户参与持续性而言,三个平台中呈现出三个规律,第一,大部分用户持续性时间不长,IdeaStorm 情况稍好,有约 40% 的用户持续时间在一年以上,卡萨帝创意工场和 IDEA 众创意平台高达 65% 的用户持续时间不超过一年。第二,大部分客户协同创新热情呈现递减规律,通常在协同的前三个月内热情较大,后期逐渐递减。第三,平台诱因(短期福利或奖励)效果明显,一旦出台相关政策,用户协同创新热情会出现间断性高涨。

主体间网络关系分析研究发现,主体间网络关系受媒介要素影响较大。网站媒介阶段,协同产品创新的客户主要在网络空间下,通过评论产生关系,关系强度较弱。社会化媒介阶段,协同客户既可以在网络空间下,也可以在 QQ、微信等虚拟社区或社群里自由交流或沟通,客户之间的互动频率有上升趋势,关系强度有所增加。

第三,主体—媒介关系。主体—媒介关系主要指主体和产品信息发布媒介之间的联系或关系。访谈中我们发现,主体—媒介关系受媒介多样性和交互性影响较大。第一阶段(网站阶段),主体—媒介关系较弱,仅仅表现为检索和简单阅读。第二阶段(社会化媒体阶段),客户不仅可以从微博、微信等社会化媒体获取产品信息,还可以享受社会化媒体的推送服务功能,便捷地和企业进行交互式查询,主体—媒介关系强度大幅度提升。

(2)知识分享描述。通过对三个平台的跟踪观察,我们发现客户知识分享的主要方式是提交、评论创意或任务,因此,知识分享的对象既包括提交或评论的客户,也包括受益企业[91]。根据创意或任务提交者和评论者的协作关系来衡量知识分享行为,本研究采集了三个平台"提交创意或任务的用户"和"发表评论的用户"的关系数据,构建主体间知识分享行为关系矩阵。具体的操作过程如下。

第一,数据采集以 IdeaStorm 平台为例,当客户在 IdeaStorm 平台创建用户名后,就可以对现有产品或服务提出意见,并就自己的想法和创意提供方案。具体数据采集中，从 IdeaStorm 主页开始，以主页中创意或任务的发布者为研究对象，如图 4-1 所示：当第 i 个用户提交的创意或任务被第 j 个用户评论时，认为第 i 个用户和第 j 个用户有知识分享关系。将这一关系用 $a_{i,j}$ 表示，$a_{i,j}$=0 时代表第 i 个用户和第 j 个用户之间没有知识分享行为，$a_{i,j}$=1 时代表第 i 个用户和第 j 个用户之间有知识分享行为。

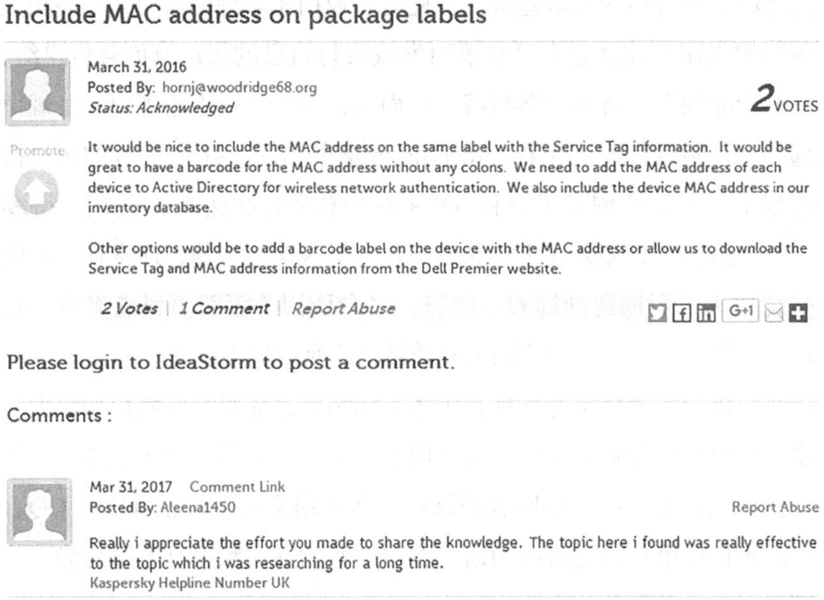

图 4-1　IdeaStorm 平台协同关系展示图

第二，建立知识分享行为矩阵。采用社会网络分析中常用的滚雪球抽样法，将创意或任务评论者作为下一个研究对象，依次类推，完成所有节点的数据采集工作，最后去除稀疏节点。将采集到的所有数据按照发布者为横坐标、评论者为纵坐标的矩阵方式排列，就可以形成知识分享的行为矩阵 G [如公式（4-1）所示]。另外，本书认为只要参与讨论便会产生关系，因此，矩阵 G 为对称矩阵（其中 IdeaStorm 平台共采集了 253 个数据，形成 253×253 的关系矩阵；卡萨帝创意工场共采集了 154 个数据，形成 154×154 的关系矩阵；IDEA 众创意平台共采集了 197 个数据，形成 197×197 的关系矩阵）。

$$G = \begin{bmatrix} 0 & a_{1,2} & \cdots & a_{1,n} \\ a_{2,1} & 0 & \cdots & a_{2,n} \\ \vdots & \vdots & \vdots & \vdots \\ a_{n,1} & a_{n,2} & \cdots & a_{n,n} \end{bmatrix} \quad (4-1)$$

第三，知识分享行为分析。根据知识分享行为矩阵，对三个平台的知识分享行为进行分析。

首先，使用 UCINET 社会网络分析工具对关系矩阵进行分析，生成知识分享网络图（部分网络图如图 4-2a、图 4-2b）。结果显示，三个平台中客户的知识分享行为都呈现了网络式结构。

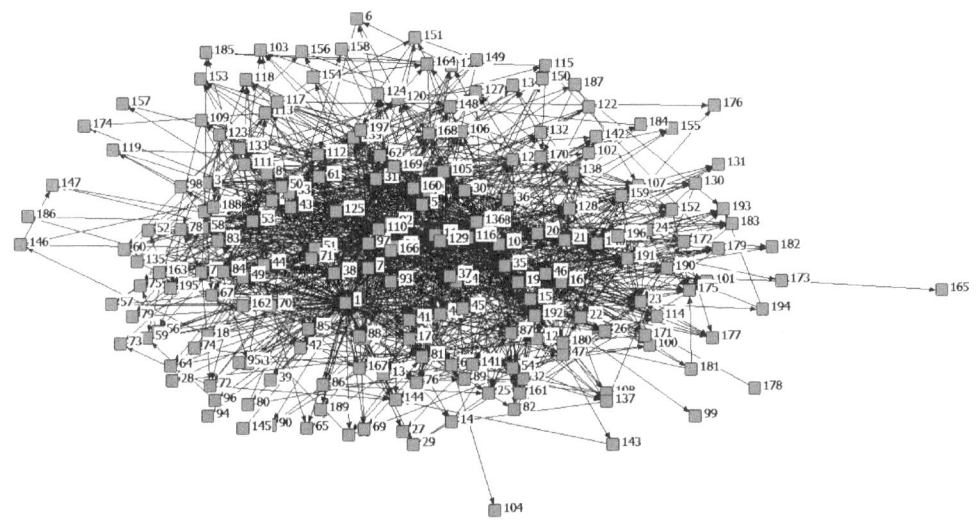

a　IdeaStorm 平台客户关系图

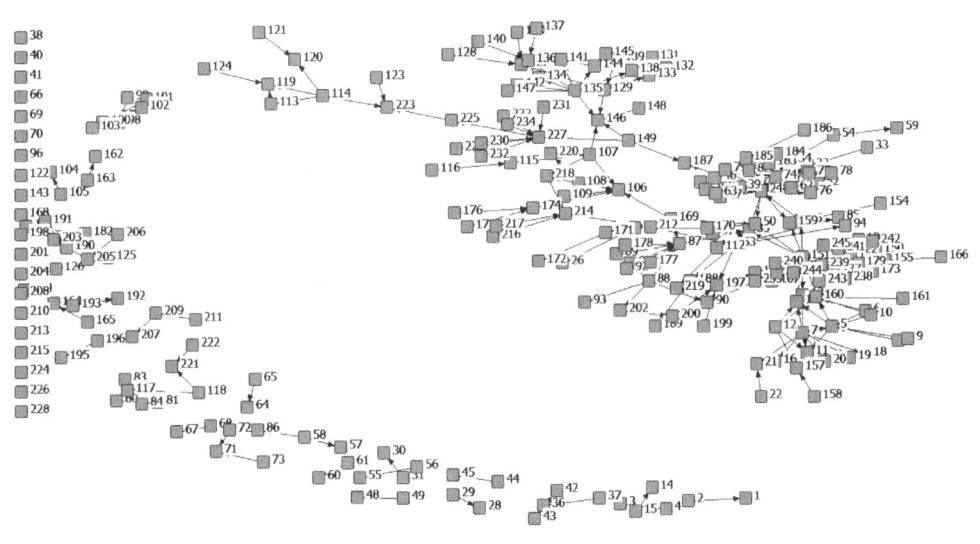

b　IDEA 众创意平台客户关系图

图 4-2　IdeaStorm 平台和 IDEA 众创意平台客户关系图对比

其次，从整体网络角度对三个平台的知识分享行为进行分析。整体网络角度分析的重点是整体网络结构，关注的是所有节点之间的关系，可以通过网络的密度 ρ 和聚类系数 C_i 来衡量。其中，网络密度衡量的是知识分享行为的紧密度，可以通过网络中实际存在知识分享关系数量 m 与理论上可能存在的知识分享关系数量 n 的比值来测量［见公式（4-2）］，网络密度越大，该网络对其中的个体的态度、行为产生的影响就可能越大。聚类系数描述的网络节点的聚集程度，可以用节点 i 的邻居节点 k_i 之间实际存在的知识分享关系数量 E_i 和总的可能存在的知识分享关系数量 $k_i(k_i-1)/2$ 的比值来测量［见公式（4-3）］。聚类系数越大，表示成员的聚集程度越高。

$$\rho = \frac{2m}{n(n-1)} \tag{4-2}$$

$$C_i = \frac{2E_i}{k_i(k_i-1)} \tag{4-3}$$

使用 UCINET 社会网络分析工具对三个平台的网络密度和聚类系数进行测量，结果显示：网络整体性密度都不高，其中 IdeaStorm 平台（图 4-2a）的网络关系较其他两个平台稍高，整体网络密度为 0.04，聚类系数为 0.26。IDEA 众创意平台网络关系最松散（见图 4-2b），整体网络密度为 0.0037，聚类系数为 0.04。只是在任务版块和创意版块内部有关系产生，两个版块的分界比较明显。卡萨帝创意工场的网络关系紧密度和聚类系数均介于 IdeaStorm 和 IDEA 众创意平台之间。这一结果表明，三个平台的整体知识分享水平偏低。

最后，对部分客户知识分享行为进行分析。对整体网中的个体进行分析可以采用网络节点的中心性指标来衡量。网络中心性用来衡量网络中节点的权利和影响力，在本书中可以衡量个体知识分享行为的频繁性，主要指标包括点度中心性、亲近中心性和居间中心性。其中点度中心性被广泛使用，其计算公式如公式（4-4）所示。本书在整体网络分析的基础上采用 UCINET 工具对接受过访谈的客户的点度中心性进行计算，确定其知识分享行为的频繁性（结果在表 4-3 中呈现）。

$$\deg(n_i) = d(n_i) = \sum_{j=1}^{g} ij \ (i \neq j) \tag{4-4}$$

（3）知识分享态度、个体认知及分享意愿、分享行为描述。虽然数据分析结果表明，从整体网络角度看，三个平台的整体知识分享水平不佳，从协同个体角度看，有相当规模的客户在积极参与知识分享。所以，焦点访谈的目的是了解协同客户知识分享的内在特点和外形表现。焦点访谈包括两部分内容：①系统要素。②客户知识分享的态度、意愿和行为。测量方式为口述或访谈,要求客户真实描述相关问题。

所有访谈资料回收后,依据对相关构想理论层面的识别与描述,我们采用统一编码原则对访谈内容进行了编码,目的是从大量的访谈资料中抽取、提炼构想和构想间关系,从而构建概念模型。首先,我们以三个平台的焦点访谈人员为分析单元。对每一个单元(访谈人员)进行编码。其次,对于系统要素和知识分享意愿的衡量,我们参考已有文献的衡量标准,以"频繁、经常、一般、较少、偶尔"或者"很长、较长、一般、较短、很短"五级制进行评价与总结(编码过程如表4-2所示)。再次,对于知识分享态度,我们针对访谈资料,渐进式编码,初步抽离客户描述的相关内容,并对此进行概念化处理(编码过程如图4-3所示)。

表 4-2 案例部分数据编码

协同客户		系统要素				知识分享		
		媒介要素		主体要素		主体—媒介关系	个体认知	分享情感	分享意愿
		多样性	交互性	平均时长	主体间网络关系				
IdeaStorm平台	A5	很多 较多 一般 较少 单一	很强 较强 一般 较弱 很弱	很长 较长 一般 较短 很短	很密切 较密切 一般 较弱 很弱	很密切 较密切 一般 较弱 很弱	很高 较高 一般 较低 很低	很深 较深 一般 较浅 很浅	很高 较高 一般 较低 很低

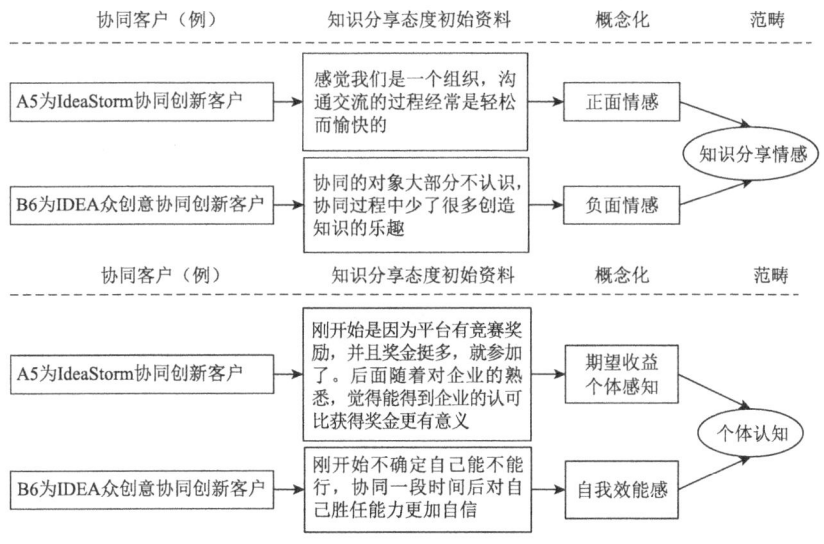

图 4-3 案例部分数据编码

4.4 研究发现

通过对 50 个协同创新客户进行编码后发现，客户的知识分享态度、意愿和行为受系统要素的影响不明显，但是受系统要素间关系影响较大，主体间网络关系、主体—媒介关系能较好地解读客户协同产品创新知识分享态度、意愿和行为。

4.4.1 静态视角下的研究发现

网络环境下协同产品创新的客户最初往往是分散在各地的企业客户，由于彼此之间地理距离较远，社会联系较弱，用户在分享知识时会有诸多顾虑。一些用户会担心缺少了组织界限的约束，自己的知识被他人掌握，丧失掉已有优势。一些用户担心自己的知识一旦分享会被他人利用或者出现机会主义行为[91]。即使存在各种担心，我们仍然发现，部分用户愿意将自己的知识分享给企业和他人。通过从静态视角分析客户的访谈资料（部分资料如表 4-3 所示），我们发现，如 A7，A13，B5–B7，C8，C14，C17 的客户访谈结果所示：首先，知识分享意愿和知识分享行为之间的相关度很高，这一结果可以合理解释。理性行为理论认为个体行为的执行由行为意愿直接决定，因此，大部分学者研究行为和意愿时常常选择用意愿代替两者[123-125]。遵循这一趋势，本书后续章节研究中也选择意愿作为两者的代表性变量。其次，系统要素的主体间网络关系、主体—媒介关系与知识分享意愿存在较为密切的关系，主体间网络关系或主体—媒介关系越紧密，其知识分享意愿越大，知识分享行为能力越强。其次，从客户自述的分享态度可以看出，当主体间网络关系或主体—媒介关系任何一个关系较为密切时，客户的知识分享态度就较为积极（较为积极的情感和较好的个体认知）。再次，访谈过程显示，客户的知识分享态度和知识分享意愿有正向的相关关系，正面情感较多或较高认知程度的个体，其知识分享意愿也较高。基于以上分析，提出如下初始命题。

命题 1：网络环境下客户协同产品创新系统主体间网络关系与客户知识分享意愿有正相关关系。

命题 2：网络环境下客户协同产品创新系统主体—媒介关系与客户知识分享

意愿有正相关关系。

命题3：网络环境下客户协同产品创新系统主体间网络关系与客户知识分享情感有正相关关系。

命题4：网络环境下客户协同产品创新系统主体—媒介关系与客户知识分享情感有正相关关系。

命题5：网络环境下客户协同产品创新系统主体间网络关系与客户个体认知有正相关关系。

命题6：网络环境下客户协同产品创新系统主体—媒介关系与客户个体认知有正相关关系。

命题7：客户知识分享情感与客户知识分享意愿有正相关关系。

命题8：客户个体认知与客户知识分享意愿有正相关关系。

表4-3 网络环境下客户协同产品创新系统要素与知识分享描述

客户编号	客户自述的知识分享态度	媒介要素		主体要素		主体—媒介关系	知识分享意愿	知识分享行为
		多样性	交互性	平均时长	主体间网络关系			
A7	和群里朋友交流的大部分时间是轻松和愉快的	一般	强	较长	较密切	较密切	较高	3.279
C14	由于交流的人都不认识，交流过程比较枯燥乏味	单一	强	较短	较弱	较弱	低	0.410
B7	看情况，遇到好的创意很兴奋，一般的创意时，就觉得无趣了	较少	强	一般	一般	较弱	一般	0.820
A13	通过协同创新，还获取了收益，很不错	较少	强	较长	较密切	较密切	较高	2.459
B5	我对自己有没有能力和大家一起设计新产品不是很确信	较多	强	一般	较密切	一般	较高	1.230
B6	我觉得参与产品开发对提高我的创意能力有帮助	较少	强	较短	一般	较密切	较高	1.230
C8	和大家一起讨论产品创意来提高创意能力对我而言效果不明显	单一	强	较短	较弱	一般	一般	0.820
C17	自己在产品创意这方面的能力比较差，不适合参与新产品开发	单一	强	较短	较弱	较弱	低	0.410

4.4.2 动态视角下的研究发现

协同经验可能会影响到协同创新客户的知识分享意愿。相关研究指出，环境因素和个体因素会影响网络环境下个体的知识分享意愿，且影响路径和机制会随着个体经验而发生改变[35]。因此，访谈中我们设置了相关题项，从动态视角（一段时间）考核系统要素和协同创新客户知识分享的变化趋势。通过分析访谈资料（部分资料如表4-4所示），我们发现，如A6、A10、B9、B11、B13客户访谈资料所示：系统要素、知识分享情感、个体认知、知识分享意愿都会随时间演进发生变化。其中，知识分享情感、个体认知、知识分享意愿的变化趋势较为统一，会随着时间演进逐渐增加或增强。要素间关系变化趋势显示，加入初期，协同创新客户在主体—媒介关系上得分较高，随着协同经验的上升，主体间网络关系得分上升，同时，主体—媒介关系得分较之前有所下降。

表4-4 网络环境下客户协同产品创新系统要素与知识分享描述（动态视角）

客户编号	客户自述的知识分享态度的变化	主体间网络关系变化	主体—媒介关系变化	知识分享意愿变化
A6	刚开始觉得很无趣，现在慢慢觉得好多了	较弱—较密切	密切—较密切	增加
A10	刚开始不熟悉产品，觉得讨论过程很枯燥，现在有趣多了	较弱—较密切	较密切——般	增加
B9	刚开始对自己没信心，讨论的多了，信心有所提升	较弱——般	较密切——般	稍增加
B11	越来越觉得和别人一起讨论对自己的创新能力有很大提升	较弱——般	一般—较弱	稍增加
B13	原来没想过参与创意还能获利，现在有参与的欲望了	一般—较密切	较密切—较弱	增加

以上过程可以看出，网络环境下客户协同产品创新的系统要素、知识分享态度和知识分享意愿会随时间演变而发生变化。并依此推断要素之间的关系也会随之改变。基于以上分析，提出如下初始命题。

命题9：网络环境下客户协同产品创新系统要素间关系（主体间网络关系，主体—媒介关系）、客户知识分享态度（知识分享情感和个体认知）和知识分享意愿会随时间演变而发生变化。

命题10：网络环境下客户协同产品创新系统要素间关系（主体间网络关系，主体—媒介关系）、客户知识分享态度（知识分享情感和人体认知）和知识分享意愿间的关系强度会随时间演变而发生变化。

4.5 本章小结

本章对三个客户协同产品创新网络平台（IdeaStorm、卡萨帝创意工场和IDEA众创意平台）的系统要素和知识分享情况进行了探索性案例研究：首先对所采用的案例研究方法进行了介绍和概述；然后对研究过程进行了阐述，包括案例选择、研究设计的开展等情况。最后从系统变量（协同创新系统要素）、过程变量（知识分享情感和个体认知）、结果变量（知识分享意愿和知识分享行为）角度对案例数据进行编码，清晰地展示出各变量的具体情况及它们之间的关系机制。案例研究结果显示，系统变量中部分变量会对过程变量和结果变量产生较大影响（实线部分），在此基础上提出了本研究的初始概念模型（如图4-4所示）和初始研究命题。

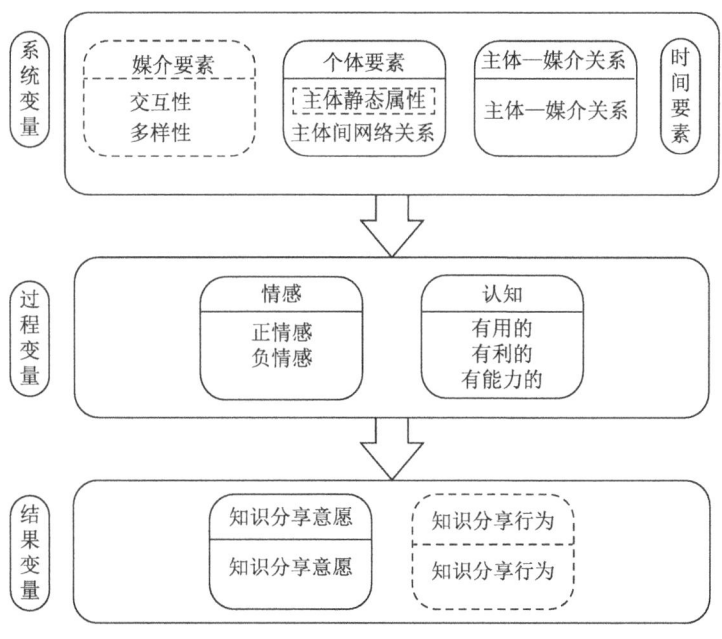

图4-4　客户协同产品创新知识分享概念初始模型

命题1：网络环境下客户协同产品创新系统主体间网络关系与客户知识分享意愿有正相关关系。

命题2：网络环境下客户协同产品创新系统主体—媒介关系与客户知识分享意愿有正相关关系。

命题3：网络环境下客户协同产品创新系统主体间网络关系与客户知识分享情感有正相关关系。

命题4：网络环境下客户协同产品创新系统主体—媒介关系与客户知识分享情感有正相关关系。

命题5：网络环境下客户协同产品创新系统主体间网络关系与客户个体认知有正相关关系。

命题6：网络环境下客户协同产品创新系统主体—媒介关系与客户个体认知有正相关关系。

命题7：客户知识分享情感与客户知识分享意愿有正相关关系。

命题8：客户个体认知与客户知识分享意愿有正相关关系。

命题9：网络环境下客户协同产品创新系统要素间关系（主体间网络关系，主体—媒介关系）、客户知识分享态度（知识分享情感和人体认知）和知识分享意愿间的关系强度会随时间演变而发生变化。

命题10：网络环境下客户协同产品创新系统要素间关系（主体间网络关系，主体—媒介关系）、客户知识分享态度（知识分享情感和人体认知）和知识分享意愿间的关系强度会随时间演变而发生变化。

第5章 网络环境下客户协同产品创新知识分享机理研究

第4章通过探索性案例研究归纳出了网络环境下客户协同产品创新系统变量（协同创新系统要素）、过程变量（知识分享情感和个体认知）和结果变量（知识分享意愿和知识分享行为）之间的关系，并提出了初始研究命题。本章将进一步结合现有的文献和理论，参考和借鉴相关研究成果，对初始研究命题进行完善，提出具体的概念模型和研究假设。

本章的研究对应科学问题2：如何对网络环境下的客户协同产品创新知识分享活动进行深层次解构和剖析？为了解决这一问题，本章首先基于理性行为理论构建协同创新客户知识分享理论模型，然后通过理论论述、文献研究和规范性分析方法对模型修正、完善和细化，提出可被实证检验的网络环境下客户协同产品创新知识分享概念模型及细化的研究假设。

5.1 模型要素与理论模型构建

5.1.1 系统要素间关系构成

5.1.1.1 主体间网络关系

从系统角度分析客户协同关系及客户与环境之间的协同关系，常被用到的理论是网络理论。国内外相关学者从网络角度对客户协同产品创新进行了深入研究，相关研究认为：客户协同产品创新的实质是网络环境下协同创新的主体组成的信息—知识交流网络[32]，客户、专业设计人员等诸多创新主体为网络的节点，彼此之间相互联系形成了网络的边[47]。

网络理论认为，网络的结构特征和关系特征决定了个体在网络中拥有的资源种类、资源数量和个体影响能力,其中可以刻画其网络结构特征的有诸多概念,以度、度分布、平均路径长度和聚类系数为主要的刻画标准[152-154],而刻画其网络关系特征的概念也非常多,其中信任、关系强度为主要的刻画标准[105, 110, 155]。之后,不少学者对此进行了拓展和发展,有研究继承了 Granovetter 和 Uzzi 的思想,将网络关系当作连续变量引入研究[156-158]。

因此,本研究将主体间网络关系鉴定为:客户、专业设计人员在协同创新的过程中会彼此合作和交流,形成网络关系,并基于相关文献中对网络关系的研究内容,从关系强度、关系质量和关系持久性三个维度加以衡量[105, 110, 155]。

5.1.1.2 主体—媒介关系

从生态系统角度分析客户协同产品创新,常被用到的理论是创新生态系统。创新生态系统是生态系统研究在创新领域的延伸,为研究创新系统提供了新的研究视角。相关学者从创新生态系统视角对客户协同产品创新进行了深入研究,相关研究认为:网络环境下的客户协同产品创新是一种"嵌入—共生"式创新,体现为由粉丝社区、实践社区等"产销者"构成的创新生态系统。创新主体是在空间中共同栖居的创新个体或组织,主体和环境之间持续性进行物质循环和能量流动,从而形成统一的整体[65]。

开放式创新生态系统认为主体和环境之间的物质循环和能量流动很大程度上决定了创新主体的创新产出或成效。因此,在考察创新主体间的能量交换时,不可忽略环境在此过程中的作用[99]。本研究着眼于研究客户协同产品创新的网络环境,主要包括信息发布和存储的各类工具和网络平台。以往客户协同产品创新相关研究通常只是把网络环境作为"黑箱"来处理,没有系统解剖和分析。实际上,随着网站各类空间、微博、微信平台的使用和视频、声音等 Web2.0 技术的应用,协同创新个体和环境之间的能量交换变得更加频繁。不少学者认为,个体和各种网络媒介之间的交互关系(包括交互强度和交互广度)对个体的行为会产生显著的影响[6, 28]。

因此,本研究将主体—媒介关系鉴定为:主体从各类网站、搜索引擎、微博、微信平台等网络媒介中获取信息时发生的交互关系,可以从关系强度、关系质量和关系持久性三个维度加以衡量。

5.1.2 理性行为理论与客户协同产品创新知识分享理论模型

文献综述中已详细论述理性行为理论相关内容。将理性行为理论应用在网络环境下的客户协同产品创新知识分享情境中时，需要做如下修订：首先，这一领域属于信息技术领域，且网络环境下协同创新的主体来自于各地，彼此之间较为陌生。因此，主观信念或规范的影响作用很微弱。本书采用 Davis 等[159]的观点，摒弃主观信念或规范，并将知识分享态度细分为情感和认知两个维度。

另外，理性行为理论将行为意向和行为作为结果变量。但是在具体情境的研究中，不同学者采用不同的变量，一些研究者使用行为意愿和行为两个变量进行研究[120-122]，还有一些研究者单独使用行为意愿作为结果变量[123-125]。根据第 4 章的案例分析结果，我们认为本研究情境下的行为意向能很好地预测实际行为。因此，本书采用行为意向作为结果变量。

第 4 章的研究结果表明：网络环境下客户协同产品创新系统要素间关系和知识分享态度、知识分享意愿都呈现相关关系，而知识分享态度和知识分享意愿也呈现相关关系。用理性行为理论来解释这一现象，变量间的影响机理应该是：系统要素间关系（主体间网络关系、主体—媒介关系）通过影响知识分享态度（知识分享情感和个体认知）来影响协同客户的知识分享意愿（图5-1）。

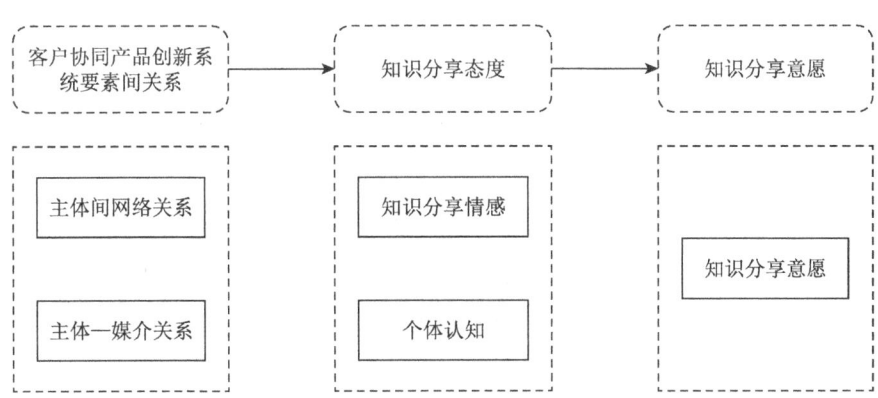

图 5-1 网络环境下客户协同产品创新知识分享理论模型

5.2 理论与假设

5.2.1 系统要素间关系和客户知识分享意愿

就主体网络关系而言，关系强度、关系质量和关系持久性等网络关系指标都会影响客户的知识分享意愿。关系强度意味着与自己互动的个体的个数和互动频率[10, 155]。对于知识贡献者来讲，个数越多，互动的频率越高，意味着接触到自己知识的人群越多，自己可能的收益会更高，因此更愿意分享知识；对于知识获取者来说，互动的人越多，频率越高，意味着自己能获取想要知识的机会就越多，作为回报，也愿意分享更多的知识[36, 160]。关系的持久性可以增加个体之间的熟悉程度和密切程度，有助于提升个体间信任水平，并模糊个体对知识资源的私有感，进而强化其知识分享意愿。关系质量是指主体间信任、支持和矛盾、冲突[105, 110, 155]，网络环境下客户协同产品创新中，对于信任、支持程度低的个体，怀疑、矛盾时常发生，协同主体出于抵触或竞争，不愿意分享自己的知识[91]。当个体通过问答、协作等方式频繁建立关系时，彼此之间会产生信任和支持，Ye等[161]的研究指出，社区或社群成员之间的信任和支持能提高个体的知识分享意愿。

就主体—媒介关系而言，媒介丰富度理论指出媒体的丰富度、交互性和信息处理等能力影响着个体的行为[162]。在企业协同产品创新中，协同客户通常是某方面的专家，但是对具体的协同任务和某些关键知识缺乏了解，受此影响，知识分享的意愿不高。随着搜索引擎、公共媒介和企业各类社交媒介的应用，协同客户可以通过主动搜寻或者被动接受推送的方式接触到更为专业的协同任务或关键知识，从而促进个体自有知识的创新，这种获益性使得个体愿意参与更广范围的知识分享[163]。此外，通过微博、微信平台等社交媒体的信息传输功能，企业可以与协同客户保持信息传递和沟通，这种沟通频率的上升会让成员更多地了解企业，久而久之，对企业产生情感依附和信任，从而愿意将自有知识分享给企业[91]。

在探索性案例中也可以看出，接收访谈的人群中，与其他网络主体建立较好网络关系的主体和乐于通过各类网站、社交媒体、搜索引擎等工具或网络平台寻找信息的主体，其知识分享的意愿程度明显高于网络关系建立程度较弱或者媒体利用程度较弱的主体。

结合理论分析和案例分析，本书提出如下假设：

H1：网络环境下客户协同产品创新系统要素间关系正向影响客户知识分享意愿。

H1a：主体间网络关系正向影响客户知识分享意愿。

H1b：主体—媒介关系正向影响客户知识分享意愿。

特别的，已有文献和案例研究均表明，主体间网络关系、主体—媒介关系对知识分享意愿的作用大小会随时间演变而发生改变。初入期，协同创新的个体之间并不熟悉，网络关系尚未形成，此时，相比与其他成员交流寻求帮助，协同客户更愿意通过搜索引擎在各类公共媒介和企业媒介上查询相关信息。相关研究也证明，在相对陌生的群体中，媒体的信息传递功能可以通过多种信息表现方式直接刺激个体的知识分享意愿[163]。随着时间的演进和个体协作经验的增长，个体之间、个体和企业间的互动增加，这种交互频率的上升会促进网络关系的形成，网络对个体的影响作用开始上升，遇到协同创新问题时，个体倾向于向协同的其他个体求助，以节省网络搜寻时间和精力。可以得出：

H2：网络环境下客户协同产品创新系统要素间关系对客户知识分享意愿的影响程度会随着时间改变。

H2a：主体间网络关系对客户知识分享意愿的影响程度会随着时间增加。

H2b：主体—媒介关系对客户知识分享意愿的影响程度会随着时间降低。

5.2.2 系统要素间关系和客户知识分享态度

知识分享态度又可以细分为知识分享情感和个体认知。其中，知识分享情感指知识分享过程中客户心灵深处情感波动，又可以分为正向情感和负向情感，正向情感的增加或负向情感的减少都意味着知识分享情感的增加[29]。

5.2.2.1 系统要素间关系和客户知识分享情感

就主体网络关系而言，网络环境下协同创新的主体最初是地理距离较远、较为陌生的个体。但是这些个体会由于兴趣、爱好等原因而涌现出主体的黏性，进而逐渐形成较为稳定的网络关系。从静态层面看，客户协同产品创新中，参与协同创新的个体与网络中其他个体交流的频率和持续时间有所不同，网络关系便会存在差异。网络关系会影响到协同创新客户的知识分享情感。关系强度上，对于那些网络关系比较弱的协同主体来讲，协同的其他主体相对陌生，陌生人之间的交流情感往往伴随的是冷漠、计较、无趣等负面情绪。相反，网络关系比较强的协同主体，和其他主体的交流时间、交流频率较高，关系密切程度较高，交流经验也相对较丰富，这些用户的正面情感会显著增加[29]。从关系持久程度上来看，参与协同创新的主体可以同时在多个网络空间活动，活动的对象也带有随机性。因此，客户在协同中随时会面临新关系的建立和老关系的消失，新关系的频繁建立或老关系的频繁消失都意味着网络关系的稳定性受到了破坏[110]。主体交流的对象频繁变化会加深主体对周边陌生环境的防备性，进而产生戒备或谨慎的心理状态，造成协作过程的轻松、愉悦等正面情感降低，思虑、犹豫等负面情感增加。

就主体—媒介关系而言，主体—媒介关系主要通过主体主动寻找或被动接受各类公共媒介或企业媒介信息而产生关系。为了取得更好的协同效果，企业往往会通过各类声音、视频等媒体工具或各类平台服务客户，并且采用各种推荐方式和推荐链接提高其服务效率；同时，个体对于自己感兴趣的协同产品，还会通过搜索引擎关键词检索、专业知识链接等多种网络搜寻方式来了解相关信息和知识[30, 164]。从静态层面看，显然，无论是主动搜寻还是被动接受，个体与媒介之间的主体—媒介关系存在差异。从关系质量层面来看，主体—媒介关系质量通常表现为主体对网络平台及发布信息的关注程度。Khan[165]的研究指出，主体对社交媒体或各类网络媒介中的信息比较关注时，通常会出现收藏、评论甚至转发行为。与其他通用型网络媒介不同，协同创新的网络媒介主要包含企业信息、协同产品信息和相关知识，这些内容对于协同主体来讲非常有价值，且不容易轻易获取。因此，协同主体会较为重视，进而出现收藏、转发等行为。Bystr和Katriina[166]、姜婷婷等[167]的研究指出，如果是寻找过程较为复杂的信息或任务，相比自己寻找，主体更倾向于从"其他人"那里获取，并且，当获取实现时，通常会表现出愉悦、兴奋等积极情感。因此，可以得出，积极情感实际上是主体收藏、转发等行为的内在主导情感，会受到主体—媒介关系质量的正向影响。从关系的持久性来看，主体—媒介关系的持久性反映了协同主体兴趣和爱好的稳定性。由于协同创新网络媒介的专业性较强，且进出不受限制，协同主体可以随之取消浏览和关注。因此，长期稳定关注某一个网络媒介的协同主体，通常是这一领域的忠实爱好者或参与者。对于这类人来讲，对媒介内容和参与协同的积极情感要远远高于消极情感。相反，关注稳定性低的个体，频繁往来于各个网络媒介，受网络效应、转移成本等要素的影响，用户的信息搜寻过程和成本都会增加，其消极情感要远远高于积极情感。

在探索性案例中也可以看出，接受访谈的人群中，与其他主体建立较好网络关系的主体和乐于通过各类公共性媒介或企业社交媒介寻找信息的主体，口述情感状况时，出现的诸如乐趣、愉悦之类的正面情感频率要高于无趣、冷漠等负面情感频率。

结合理论分析和案例研究，本书提出如下假设：

H3：网络环境下客户协同产品创新系统要素间关系正向影响客户知识分享情感。

H3a：主体间网络关系正向影响客户知识分享情感。

H3b：主体—媒介关系正向影响客户知识分享情感。

正如前文所言，主体间网络关系、主体—媒介关系对个体态度的影响会随时间发生变化。其中，主体间网络关系对个体知识分享情感的影响主要体现在关系质量方面。关系质量可以通过主体间信任和冲突两种对立面指标来衡量。加入协同创新的初期，创新主体之间网络关系微弱时，信任程度低，冲突时常发生，因此，负面情感会明显上升，正面情感会逐步降低。相反，随着时间的推进，当个体通过问答、协作等方式频繁建立关系时，彼此之间会产生信任。当协作主体间产生信任时，合作的过程中负面情感会降低，而轻松、愉快等正面情感会明显上升[168]。

主体—媒介关系对个体知识分享情感的影响与主体间网络关系的影响作用恰恰相反。初入期，个体对协同创新的产品熟悉程度较低，知识的需求程度和需求欲望较大，通过搜索引擎在公共媒介、企业媒介上主动查询相关信息，或者被动接受企业的产品或信息推送，个体能获取大量的有用信息，会产生极大的愉悦和满足感。随着时间的推进，一方面客户关于协同产品的知识储备增加，另一方面随着网络关系的增加可以与其他协同主体随时交流以获取知识，导致从媒介获取知识的机会减少，正面情感，尤其媒介产生的正向情感随之减少。

因此，可以得出：

H4：网络环境下客户协同产品创新系统要素间关系对客户知识分享情感的影响程度会随着时间改变。

H4a：主体间网络关系对客户知识分享情感的影响程度会随着时间增加。

H4b：主体—媒介关系对客户知识分享情感的影响程度会随着时间降低。

5.2.2.2 系统要素间关系和客户个体认知

认知是态度的组成维度，是从认知角度对行为的有利性、有用性和胜任能力等进行评估[118, 119]。经典的技术接受模型（TAM）认为在信息技术领域，认知主要指个体感知，包括感知有用性和感知易用性等[117]。Cenfetelli[170]、周蕊[169]认为个体感知应增加感知风险等抵制性要素。Hsu和Lin[149]提出自我效能感是对自己有能力完成任务的认知（即认知的胜任维度），网络环境下的个体认知应包括自我效能感。Bandura[171]的研究进一步指出，期望收益是主体对自己参与行为潜在收益的评估，既包括现金、物质回报、互惠等外部收益，也包括主体参与过程中自身获得的满足感等（即认知的有用性维度），期望收益也是个体认知的重要组成部分。基于上述文献分析，本书认为，知识分享认知指知识分享过程中的个体认知，包括知识分享的自我效能感、个体感知和期望收益。

就主体间网络关系而言，主体之间的网络关系会直接影响协同主体的个体认知。不用于其他内容型或关系型网络空间下的主体，参与网络协同的客户，来源于地理位置差异性较大的地方，彼此之间并不认识[22]；但同时，这群协同的客户通常是同一个领域的专家或爱好者，又会因为兴趣、爱好等关键特征而产生共鸣，进而熟悉，甚至成为好友或"圈内人"[91]。从关系强度和关系质量层面来讲，交流时间短，交流频率低的主体，往往意味着与其他主体的网络关系较弱，信任程度不高[10, 107]。当主体间有产权归属，或者收益分配等冲突时，这类主体往往会因担心自有知识被他人利用或出现投机行为，而增强自我知识的保护意识，对分享知识的期望收益的关注程度不高，知识分享自我效能感也无法充分体现。相反，当主体之间的网络关系密切时，对其他协同主体的信任度也会增加，互动会随之增加，由互动产生的期望收益也会增加，并在互动中通过观察事件、吸收知识建立自我感知，并逐渐建立自我效能感[36]。从网络关系的持久性角度来看，关系的持久性影响协同主体的个体认知。关系持久时，主体才会考虑合作的长期成果和期望收益，进而建立团结、进取的自信和积极评价、挖掘自身优点、贡献自我知识的自我效能感。否则，协作的主体进出频繁，与大部分主体协作的持久性不高时，就很难形成共识和长远目标，对收益的期望程度和自我效能感的激活程度都不高。

第5章 网络环境下客户协同产品创新知识分享机理研究

就主体—媒介关系而言，理性行为理论重视环境对个体认知的影响。从关系强度层面来看，各类公共媒介和企业社交媒介是客户协同产品创新的主要环境，其接触时间、接触频率会影响协同主体的个体认知。公共媒介和企业服务客户的微博、微信平台中保存了大量协同产品信息和知识[172]。长时间、高频率的接触意味着协同客户从平台获取了大量的知识[30]，而自身知识量的增加很显然能提高协同主体的期望收益和自我效能感[91]。相反，和公共媒介、企业微博、微信等社交媒介接触时间短，频率少的协同客户，协同产品相关信息或知识的获取量较少，对获取知识的收益的期望程度不高，自我效能感也无法充分激活。从关系质量层面来看，协同客户出现收藏、评论甚至转发行为的一部分目的是为了方便自己重复观看，充分消化和吸收。相关研究得出，个体获取的知识越多，参与协同的产品就越多，解决问题的能力也会提高[91]。因此，主体—媒介关系质量高的个体从公共媒介和企业社交媒介学习知识的效果更好，产品知识储备的增加能够提高协同主体的期望收益和自我效能感。相反，主体—媒介环境关系质量不高的个体，吸取协同产品信息和知识的效果较差，自我效能感和协同收益期望也会因此较弱。另外，主体—媒介关系的持久性也能影响协同客户的个体认知。长期稳定关注某一个媒介或某一类信息的协同主体，通常是这一领域的忠实爱好者，参与协同的初衷往往是自我价值和自我效能感的实现。

探索性案例中也可以看出，接受访谈的人群中，与其他网络主体建立较好网络关系的主体和乐于通过搜索引擎、公共媒介或企业社交媒介寻找信息的主体，其个体认知程度，尤其是自我效能感，要高于其他主体。

结合理论分析和案例研究，本书提出如下假设：

H5：网络环境下客户协同产品创新系统要素间关系正向影响客户个体认知。

H5a：主体间网络关系正向影响客户个体认知。

H5b：主体—媒介关系正向影响客户个体认知。

从时间演进角度分析，加入协同产品创新初期，创新主体间网络关系微弱，主体需要通过搜索引擎、公共媒介和企业社交媒介寻找信息来了解产品信息或相关知识，因此，主题—媒介关系对客户的个体认知影响较大。随着时间的演进，协同主体间关系密切程度增加，主体更倾向于通过主体间交流来协同创新，并且随着交流时间增加和交流频率上升，协作主体在与他人的互动中会逐渐放松协作顾虑，增加协作次数。协作的机会和次数越多，个体获得的收益越多，对收益的期望程度就越高。同时，个体能充分展现自己的知识优势，并对于自己有能力解决协作中的难题而感到自信，进而会增加自我效能感。刘海鑫等[91]的研究也指出，线上活动次数的增加能显著增加互动个体的自我效能感。

因此，可以得出，

H6：网络环境下客户协同产品创新系统要素间关系对客户个体认知的影响程度会随着时间改变。

H6a：主体间网络关系对客户个体认知的影响程度会随着时间增加。

H6b：主体—媒介关系对客户个体认知的影响程度会随着时间减弱。

5.2.3 客户知识分享态度与知识分享意愿

5.2.3.1 知识分享情感和知识分享意愿

情感有愉悦、轻松、愉快等正面情感和冷漠、计较、无趣等负面情感。相关研究得出，当个体情感中的愉悦、轻松、愉快等正面情感较多时，个体往往对所执行的任务或进行的行为有较高的满意度，愿意继续执行和进行下去；相反，当个体情感中的冷漠、无趣等反面情感较多时，个体会终止或减缓正在执行的任务和行为[173, 174]。同理，在客户协同产品创新过程中，我们推测，如果协同过程是轻松和愉快的，受内在情感的影响，协同主体倾向于分享更多的知识；相反，如果协同过程是计较和无趣的，受内在负面情感的影响，协同主体倾向于减少知识分享行为。

结合理论分析和案例研究，本书提出如下假设：

H7：网络环境下，协同产品创新客户的知识分享情感正向影响客户知识分享意愿。

5.2.3.2 客户个体认知和知识分享意愿

知识分享是主体间进行知识贡献和知识接受的过程，作为一种协同创新活动，知识分享受多因素影响。但是作为主体行为，知识分享被证实受个体期望收益和自我效能感等认知的影响[35, 36, 149]。

客户在协同创新中的知识分享行为，会直接受到期望收益的驱动。不同于其他内容型社区和社交类社区，参与网络协同创新的收益往往是外部的收益，例如，现金收益、物质收益等。研究证明，这类外部收益对知识分享意愿有直接的驱动效应，期望收益越大，分享意愿就会越高[36]。此外，用户参与协同创新，需要一定的个体感知和信心。相关研究证明主体对网络协同行为的个体感知会影响个体的知识分享意愿[175]。主体完成协同创新活动的信心和信念可以概括为主体的自我效能感。不同于其他内容型社区和社交类社区,网络环境下的协同创新活动往往是有挑战性的活动,顺利完成协作任务需要参与者有足够的能力和信心。主体的自我效能感越强,表现出的能力和信心越足,参与的热情也就越高。相反,如果参与主体的自我效能感较弱,面对协同的任务缺乏自信和勇气,往往不能够全身心投入。因此,自我效能感对协同创新客户的知识分享意愿有着正向的影响。

结合理论分析和案例研究,本书提出如下假设:

H8:网络环境下,协同产品创新客户的个体认知正向影响客户知识分享意愿。

5.2.4 知识分享态度的中介作用

从主体间网络关系、主体—媒介关系对协同客户知识分享意愿的作用路径可以看出,知识分享态度在要素间关系与协同客户知识分享意愿中充当了中介效应。主体间网络关系、主体—媒介关系可以通过影响客户知识分享情感和知识分享认知来影响其知识分享意愿。

因此,提出如下假设

H9:客户知识分享情感对"网络环境下客户协同产品创新系统要素间关系—客户知识分享意愿"具有中介作用。

H9a:客户知识分享情感对"主体间网络关系—客户知识分享意愿"具有中介作用。

H9b:客户知识分享情感对"主体—媒介关系—客户知识分享意愿"具有中介作用。

H10:客户个体认知对"网络环境下客户协同产品创新系统要素间关系—客户知识分享意愿"具有中介作用。

H10a:客户个体认知对"主体间网络关系—客户知识分享意愿"具有中介作用。

H10b:客户个体认知对"主体—媒介关系—客户知识分享意愿"具有中介作用。

综上所述,网络环境下客户协同产品创新系统要素通过影响协同客户的知识分享态度（情感和认知）来影响其知识分享意愿。由此，本书提出网络环境下客户协同产品创新系统要素间关系对客户知识分享意愿作用的概念模型（如图5-2所示）。

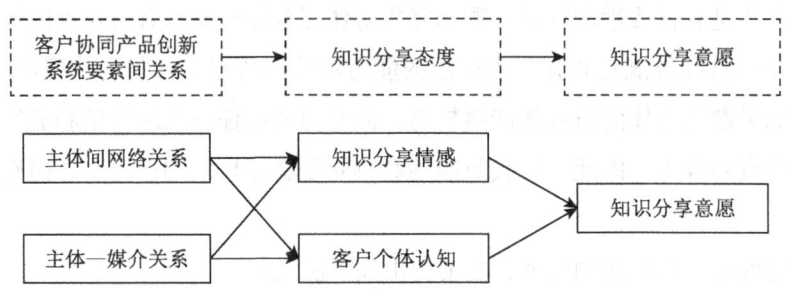

图5-2　网络环境下客户协同产品创新系统要素间关系对客户知识分享意愿作用的概念模型

另外，要做时间演变分析，需要开发一通用的假设模型。然后将这一通用模型在不同时间段的表现值进行比较（见图5-3），最终得出研究结论。通用理论模型的构建，根据上述客户协同产品创新知识分享的相关论述，我们认为，网络环境下客户协同产品创新系统要素间关系（主体间网络关系和主体—媒介关系）会直接影响及通过"知识分享态度"间接影响协同创新客户的知识分享意愿。

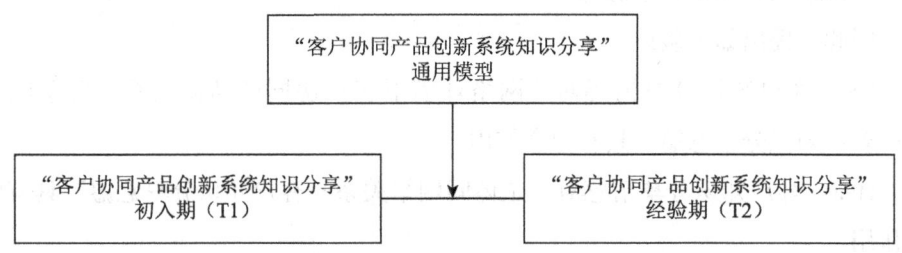

图5-3　时间演变分析模型

5.3　本章小结

本书第4章通过探索性案例研究初步归纳出了网络环境下客户协同产品创新主体间关系、主体媒介关系和知识分享情感、个体认知、知识分享意愿之间的相关关系，并提出了初始研究命题。本章借鉴社会网络理论和理性行为理论，参考相关研究成果，对初始研究命题进行理论层面的分析，确定了"网络环境下客户

第5章 网络环境下客户协同产品创新知识分享机理研究

协同产品创新系统要素间关系—协同创新客户知识分享态度—协同创新客户知识分享意愿"的影响机理,并在文献综述和探索性案例研究的基础上,进一步结合现有文献的观点,运用规范性研究方法,提出具体的概念模型(图 5-2)和研究假设(表 5-1),并针对时间演变视角的研究需要,提出时间演变分析模型(图 5-3)。

表 5-1 研究假设汇总

假设序号	假设内容
H1	网络环境下客户协同产品创新系统要素间关系正向影响客户知识分享意愿
H1a	主体间网络关系正向影响客户知识分享意愿
H1b	主体—媒介关系正向影响客户知识分享意愿
H2	网络环境下客户协同产品创新系统要素间关系对客户知识分享意愿的影响程度会随着时间改变
H2a	主体间网络关系对客户知识分享意愿的影响程度会随着时间增加
H2b	主体—媒介关系对客户知识分享意愿的影响程度会随着时间减弱
H3	网络环境下客户协同产品创新系统要素间关系正向影响客户知识分享情感
H3a	主体间网络关系正向影响客户知识分享情感
H3b	主体—媒介关系正向影响客户知识分享情感
H4	网络环境下客户协同产品创新系统要素间关系对客户知识分享情感的影响程度会随着时间改变
H4a	主体间网络关系对客户知识分享情感的影响程度会随着时间增加
H4b	主体—媒介关系对客户知识分享情感的影响程度会随着时间减弱
H5	网络环境下客户协同产品创新系统要素间关系正向影响客户个体认知
H5a	主体间网络关系正向影响客户个体认知
H5b	主体—媒介关系正向影响客户个体认知
H6	网络环境下客户协同产品创新系统要素间关系对客户个体认知的影响程度会随着时间改变
H6a	主体间网络关系对客户个体认知的影响程度会随着时间增加
H6b	主体—媒介关系对客户个体认知的影响程度会随着时间减弱
H7	网络环境下,协同产品创新客户的知识分享情感正向影响客户知识分享意愿

续表

假设序号	假设内容
H8	网络环境下,协同产品创新客户的个体认知正向影响客户知识分享意愿
H9	客户知识分享情感对"网络环境下客户协同产品创新系统要素间关系—客户知识分享意愿"具有中介作用
H9a	客户知识分享情感对"主体间网络关系—客户知识分享意愿"具有中介作用
H9b	客户知识分享情感对"主体—媒介关系—客户知识分享意愿"具有中介作用
H10	客户个体认知对"网络环境下客户协同产品创新系统要素间关系—客户知识分享意愿"具有中介作用
H10a	客户个体认知对"主体间网络关系—客户知识分享意愿"具有中介作用
H10b	客户个体认知对"主体—媒介关系—客户知识分享意愿"具有中介作用

第6章　网络环境下客户协同产品创新知识分享的实证研究

本书第 5 章构建了网络环境下客户协同产品创新知识分享的理论模型，并提出网络环境下客户协同产品创新系统要素间关系对客户知识分享意愿作用的概念模型及研究假设。本章通过调查问卷获取数据，使用规范且严谨的实证方法验证模型与假设，并对结果进行了分析和讨论。

本章的研究对应科学问题 3：如何从时间演变角度对网络环境下客户协同产品创新知识分享的内外要素进行剖析？为了研究这一问题，本章基于两阶段调查问卷，通过探索性因子分析、验证性因子分析、多元回归分析和中介效应验证程序，检验了"系统要素间关系—知识分享态度—知识分享意愿"理论模型的有效性，验证相关研究假设，并分析了模型要素在时间轴上的变化特征和变化趋势。

6.1 研究设计与方法

6.1.1 变量测量

本书所涉及的变量包括网络环境下客户协同产品创新系统要素间关系（主体间网络关系、主体—媒介关系）、主体属性、知识分享情感、个体认知和知识分享意愿。以上变量无法用数据测量，因此，需要使用或开发合适的量表用于测量。

6.1.1.1 自变量—主体间网络关系

本书借鉴 Powell [105]、陈学光 [155] 的研究，将主体间网络关系划分为关系强度、关系质量和关系持久性三个维度。关系强度是网络关系的关键指标，相关研究可以追溯于 Granovetter 的研究作品《弱关系的力量》。在研究中，Granovetter认为网络关系强度包括节点之间交流的时间、情感的紧密程度、熟识性和互惠性四个方面[10]。后面的研究中，学者们从不同角度对网络关系强度进行了拓展。其中最常用到的指标包括交流时间、交流频率和紧密程度[176,177]。综合上述研究成果，结合探索性案例研究和专家建议，使用三个题项对网络环境下客户协同产品创新系统主体间网络关系的关系强度进行测量。关系质量是网络关系的重要指标。Crosby等[107]认为关系质量应包括信任和满足，陈学光[155]在Crosby等的研究基础上，提出关系质量应包括满意、信任和承诺。综合上述研究成果，结合探索性案例研究和专家建议，使用四个题项对网络环境下客户协同产品创新系统主体间网络关系的关系质量进行测量。网络关系持久性是指协同创新主体间合作的持久程度和稳定性。其中，持久程度可以用长期合作意愿、合作关系或交往关系表示[102,178]，而稳定性主要指网络节点间关系的变化程度，包括新关系的建立和老关系的消失[109]。综合上述研究成果，结合探索性案例研究和专家建议，使用三个题项对网络环境下客户协同产品创新系统主体间网络关系的关系持久性进行测量。问卷均采用李克特5点量表，要求根据题项描述内容与实际相符程度进行打分，"很不符合"到"非常符合"分别用1～5分表示，测量题项和语句如表6-1所示。

表6-1 变量测量：主体间网络关系

维度	测量题项	依据文献
关系强度	我和社区（社群）其他成员交流频繁	Granovetter[10]；Mitchell[177]；Lin等[176]
	我和社区（社群）其他成员每次交流的时间挺长	
	我和社区（社群）其他成员很熟悉	
关系质量	我和社区（社群）其他成员相互信任	Crosby等[107]；陈学光[155]；
	我和社区（社群）其他成员相互忠诚	
	我和社区（社群）其他成员没有冲突	
	我和社区（社群）其他成员对交流很满意	
关系持久性	我长期和社区（社群）成员进行交流	Granovetter[102]；Anderson等[178]；辛枫冬[109]
	我和新进入社区（社群）成员交流频繁	
	和我交流的成员频繁离开社区（社群）	

6.1.1.2 自变量——主体—媒介关系

借鉴主体间网络关系的测量维度，并结合探索性案例研究和专家建议，对主体—媒介关系从关系强度、关系质量和关系持久性进行测量。其中，关系强度的测量题项参考主体间网络关系关系强度的测量题项[176, 177]。关系质量的测量稍不同于主体间网络关系关系质量的测量题项，参考 Khan（2014）提出的收藏、评论甚至转发行为或意愿指标[165]，并结合探索性案例研究和专家建议，使用三个题项测量进行测量。主体—媒介关系持久性的测量参考上述主体间网络关系关系持久性测量题项、并结合探索性案例研究和专家建议，使用两个题项测量。问卷同样采用李克特 5 点量表，要求根据题项描述内容与实际相符程度进行打分，"很不符合"到"非常符合"分别用 1 ~ 5 分表示，测量题项和语句如表 6-2 所示。

表 6-2 变量测量：主体—媒介关系

维度	测量题项	依据文献
关系强度	我频繁通过搜索引擎、各类公共媒介和企业社交媒介（微博、微信平台）了解任务或产品信息	Granovetter [10]；Mitchell [177]；Lin 等 [176]
	我每次花费很长时间浏览、阅读和研究各类公共媒介和企业社交媒介（微博、微信平台）发布的信息	
	我对和协同产品相关的公共媒介和企业社交媒介（微博、微信平台）非常熟悉	
关系质量	我很喜欢收藏公共媒介和企业社交媒介（微博、微信平台）上的任务或产品的信息	Crosby 等 [107]；Khan [165]；
	我很喜欢评论公共媒介和企业社交媒介（微博、微信平台）上的任务或产品的信息	
	我很喜欢转发公共媒介和企业社交媒介（微博、微信平台）上的任务或产品的信息	
关系持久性	我长期关注公共媒介和企业社交媒介（微博、微信平台）的任务或产品信息	Granovetter [102]；Anderson 等 [178]；辛枫冬 [109]
	我更换公共媒介和企业社交媒介（微博、微信平台）的频率很慢	

6.1.1.3 中介变量——知识分享情感

情感是态度的组成维度，目前相关研究对情感的测量分为两类，一类将情感作为单个维度测量，一类将情感划分为正向情感和负向情感两个维度进行测量[116]。本书采用第一类测量方法，参考相关研究的测量题项，使用四个题项对情感进行测量[116, 118, 119]。问卷采用李克特 5 点量表，要求根据题项描述内容与实际相符程度进行打分,"很不符合"到"非常符合"分别用 1~5 分表示,测量题项和语句如表 6-3 所示。

表 6-3 变量测量:知识分享情感

变量	测量题项	依据文献
情感	我认为参与社区(社群)知识分享活动是英明的 我和社区(社群)其他成员知识分享的过程是愉快的 我和社区(社群)其他成员知识分享的过程是有趣的 我和社区(社群)其他成员知识分享的过程是舒畅的	Breckler 等(1989)[118]; French 等(2005)[119]; 于丹(2007)[116]

6.1.1.4 中介变量——个体认知

理性行为理论和经典的技术接受模型认为在信息技术领域,个体认知指对研究对象的有用性、有利性和完成能力的认知[118, 119]。如前文所述,协同创新客户的个体认知可以分为期望收益、自我效能感和个体感知。Bandura [171] 指出期望收益是主体对行为潜在收益的评估,既包括现金、物质回报、互惠等外部收益,也包括个体参与过程中自身获得的满足感等。Hsu 和 Lin [149] 开发了知识共享的自我效能感量表,Chang 等 [35] 在此基础上提出了网络环境下知识共享的自我效能感量表。Davis 等 [179]、Venkatesh [180] 认为,个体感知可以代替态度,直接影响行为意愿,并提出了感知的测量题项。

参考上述研究,并结合探索性案例研究和专家建议,对协同创新客户个体认知进行测量。问卷同样采用李克特 5 点量表,要求根据题项描述内容与实际相符程度进行打分,"很不符合"到"非常符合"分别用 1~5 分表示,测量题项和语句如表 6-4 所示。

表 6-4 变量测量:个体认知

变量	测量题项	依据文献
期望收益	通过分享知识获得现金或物质回报 希望将来我有问题时,别人也能帮我解决 分享知识能获得满足或快乐感	Bandura [171]
自我效能感	我有能力完成企业发布的产品任务 我确信能提供给企业有价值的知识 我确信自己有能力帮其他成员解决问题	Hsu 等 [72]; Chang 等 [35]
个体感知	参与知识分享对我也有好处 参与知识分享的平台或工具容易使用 参与知识分享对我来说不存在风险	Davis 等 [179]; Venkatesh [180]

6.1.1.5 因变量

知识分享意愿是想与别人分享工作经验、业务诀窍或工作领悟等隐性知识的愿望。Ma 和 Agarwal[150]对在线社区中的知识贡献进行了测度，我国学者刘海鑫等[22]在这一基础上对网络环境下的个体知识贡献行为进行了研究并开发出相关量表。本书的研究情景是网络环境下的知识分享。因此，借鉴 Ma 和 Agarwal、刘海鑫等开发的知识贡献量表，并结合探索性案例研究和专家建议，对知识分享意愿进行测量。问卷同样采用李克特 5 点量表，要求根据题项描述内容与实际相符程度进行打分，"很不符合"到"非常符合"分别用 1~5 分表示，测量题项和语句如表 6-5 所示。

表 6-5 变量测量：知识分享意愿

变量	测量题项	依据文献
知识分享意愿	我愿意参与企业发布的产品、创意设计或其他任务	Ma，Agarwal[150]；刘海鑫等[22]
	我愿意对社区（社群）成员的观点、作品或提出的难题进行评论、建议或解答	
	我愿意向企业分享我的知识	
	我愿意向社区（社群）成员分享我的知识	

6.1.1.6 控制变量

学者们在研究网络空间下的知识分享活动时，通常把主体的静态属性，比如性别、年龄、学历、类别、爱好等特征作为外生变量，在研究中加以控制。因此，本书也对性别、年龄、学历进行控制，其中，性别用"0、1"虚拟变量表示，年龄按 18~25 岁、26~40 岁、41~60 岁、60 岁以上几个年龄段分类，并分别用"1、2、3、4"表示。学历按专科以下、专科、本科、硕士及以上分类，并分别用"1、2、3、4"表示。

6.1.2 数据收集

为了尽可能保证数据收集的科学和客观性，本研究在问卷发放的对象、发放途径等方面进行了控制。

（1）问卷发放平台选择。本研究的调查对象为协同创新客户，为了减少不同创新形式对整体数据造成的影响，本研究根据相关文献对网络环境下不同协同创新形式的归纳和分析，最终选取近两年国内外较为关注的企业虚拟社区创新模式。企业虚拟社区是企业开放式创新的重要途径，通过虚拟社区企业可以实现与用户市场相互渗透和协同创新[181]。因此，企业虚拟社区更像是原有组织边界的延伸，参与个体往往拥有专业知识，能够产生有价值的想法，或对问题的解决有独特的视角，为企业注入了源源不断的创新力量[59]，已经成为国内外企业青睐的客户协同创新场所。另外，为了减少创新能力差异对整体数据造成的影响，本书选取了有一定技术含量，但同时又具有一定顾客介入程度和市场普及程度的电子类产品为主题的企业虚拟社区。

（2）问卷发放对象控制。本研究的调查对象为协同创新客户，因此，问卷对象的选择是否恰当会直接影响研究结果的准确性和适应范围。由于目前中国企业中已经开展了基于网络平台的客户协同产品创新活动的电子类产品生产企业并不多，因此，本书选取了产品性能较统一的手机产品用户，选择了品牌影响度较大，网络用户参与度较高的华为花粉俱乐部、小米社区和联想论坛的协同创新用户为问卷发放对象。一方面保证了问卷调查对象属于同类产品用户；另一方面也便于从整体网络内部来研究网络个体行为。

（3）发放途径控制。本书的研究问题为网络环境下协同创新客户的知识分享，因此，问卷发放的途径也主要来源于网络环境。另外，由于研究问题涉及协同创新初期和时间轴上的动态演变，需要对同一对象分两次发放问卷，且第一次问卷发放对象应为新加入协同创新的人员。

为了获取较为准确的配对信息，采用以下方式完成调研：第一，作者通过注册会员的方式在社区或论坛里取得协同创新身份，并以这一身份向其他新进入的协同创新主体发出付费回答问题邀请，邀请了约60位协同创新主体参与小范围测试；第二，利用企业在社区或论坛里开展产品设计或创意大赛的机会，向初次参赛的选手发放问卷；第三，在问卷网发布问卷，并尝试在社区或论坛运营方的许可下在相关版块位置发放问卷填写邀请函和奖励规则，邀请符合条件的协同客户参与问卷填写；此外，便于第二次数据收集，第一次问卷中设置了邮箱、QQ或微信等信息，作者自己还建立了协同创新客户QQ群和微信群，将初次填写问卷的用户邀请进群。另外，问卷采集过程中通过设置终端用户IP和微博、微信号的方式防止一户多填状况，并设置当有遗漏选项和所有题项选项相同时不能提交问卷。

（4）问卷发放过程控制。根据研究假设及对研究变量的解释，需要对相同变量进行不同时间段内的重复调研。因此，本研究的问卷发放分两阶段进行，第一阶段（初入期T1）问卷收集完成后，共收到629份有效问卷。参考Chang等[35]

提出的合适间隔期，间隔4个月后，通过第一次问卷填写的QQ号、微信号、E-mail等通信信息和本人建立的协同创新QQ、微信群再次发放问卷，每份问卷给予20元现金或红包奖励，第二次问卷收集完成后（经验T2），450人完成配对调查，179人放弃填写或填写不合格。

6.2 数据基本分析

6.2.1 描述性统计分析

本节对所收集到样本的基本情况进行描述性分析。450份有效问卷基本信息如表6-6所示，从性别看，协同创新的男女比例差别不大；从年龄看，协同创新人员大部分是40岁以下的年轻人，可能的原因是：一方面年轻人愿意接受新事物，老年人比较保守；另一方面年轻人对于网络协同工具的接受程度和使用技能要比中老年人要好很多，所以更愿意参与网络协同活动；学历层次看，本次调研对象中，参与协同的人群几乎为专科以上学历，可能的原因是协同创新往往需要了解协同产品的信息，因此需要一定的学习和创新能力。参与特征上，每周3~10小时上网时间和每周2~7次协同次数的人群比例较高。

表6-6 样本人口特征分布（N=450）

统计特征	变量	分类	数量	百分比（%）
人口特征	性别	男	116	52.7
		女	104	47.3
	年龄	18~25岁	94	42.7
		26~40岁	110	50
		41~60岁	15	6.8
		60岁以上	1	0.5
	学历	专科以下	5	2
		专科	56	25.6
		本科	83	37.8
		硕士及以上	76	34.6

续表

统计特征	变量	分类	数量	百分比（%）
参与特征	平均每周上网时间	3小时以下	58	26.4
		3~10小时	115	52.3
		10小时以上	47	21.3
	平均每周协同次数	2次以下	54	24.5
		2~7次	107	48.7
		7次以上	59	26.8

6.2.2 效度与信度检验

信度（Reliability）检测问卷的可信程度，往往通过内部一致性来衡量不同题项带来的结果差异，常采用 Cronbach's α 系数作为检验指标[182]。

效度反映测量的有效性，量表开发涉及的效度主要有内容效度和构念效度。内容效度通过分析测量题在分布上的合理性来检验量表内容和题项能否准确反映所测时的心理和行为特征。本书测量量表的开发基于系统的理论回顾和严谨的理论分析，并借鉴了专家的意见和成熟的量表，因此具有较高的内容效度。构念效度衡量的是测量量表和理论构念的一致程度，可以判断量表测量出的概念程度，是评价测量量表的主要依据。构念效度检验常用的方法是因子分析，因子分析又可以分为探索性因子分析和验证性因子分析，探索性因子分析可以明确量表中各个观察变量的内部结构，并能检验测量题项的合理性；验证性因子分析可以检验变量的聚合效度和区分效度[182]。

本书先对相关变量进行探索性因子分析，建立起量表的结构效度，之后再进行验证性因子分析，以确定量表的聚合效度和区分效度。为此，本书从两次数据的总样本（450）中随机抽取 230 份进行探索性因子分析，剩余的 220 份进行验证性因子分析。另外，由于主体间网络关系、主体—媒介关系和个体认知均为潜因子型构念，参考相关研究对此类变量的规范化处理过程和建议[183,184]，需要对三个构念的题项分别做二阶因子分析，将变量看成整体概念，再研究其与因变量的关系。其步骤分两步：第一步，分别对几个变量的所有题项进行一阶因子分析。第二，在第一步的基础上，分别以几个变量每个维度的均值做二阶因子分析，得到可进入回归方程的因子[183, 184]。

另外，探索性因子分析之前，首先需要对样本数据进行KMO（Kaiser—Meyer–Olkin–Measure of Sampling）检验和巴特勒球体检验（Bartlett），当KMO>0.7，Bartlett统计值显著时，可以进行探索性因子分析。

6.2.2.1 系统要素间关系分析

本书的自变量为网络环境下客户协同产品创新系统要素间关系，可分为主体间网络关系和主体—媒介关系两类。每一类又可从关系强度、关系质量和关系持久性三个维度来测量。

（1）探索性因子分析。

主体间网络关系探索性因子分析。本书首先对主体间网络关系进行一阶因子分析，在探索性因子分析前，先通过KMO和Bartlett统计值确定指标之间的相关性。主体间网络关系的KMO值和Bartlett统计值结果如表6-7所示，初入期和经验期的KMO值均在0.800以上，Bartlett统计值达到了显著水平。因此，样本适合做探索性因子分析。

表6-7 主体间网络关系探索性因子分析的KMO值和Bartlett检验（N=230）

KMO测量		0.817[①]　0.854[②]
Bartlett球体检验	卡方值	526.900[①]　1207.441[②]
	自由度	45[①]　　45[②]
	显著性	0.000[①]　0.000[②]

注：[①]初入期（T1），[②]经验期（T2）。

其次，利用230个样本对主体间网络关系展开探索性因子分析。本书采用主成分分析法萃取因子，并采用最大方差旋转法对萃取的因子进行旋转，以特征值大于1.000为萃取标准。结果如表6-8所示，10个题项萃取出3个因子。初入期累计解释总变量的76.426%，经验期累计解释总变量的76.396%，每个题项的因子载荷均大于0.5，达到了统计要求[185]。主体间网络关系强度、关系质量和关系持久性均根据原有构思归入同一个因子，通过了探索性因子分析的效度检验。

另外，本书采用Cronbach's α对量表进行信度分析，总量表信度初入期为0.878，经验期为0.875，各分量表的信度系数如表6-8所示，所有因子的信度系数值均在0.700以上，达到了研究需要。

表6-8 主体间网络关系探索性因子分析结果（N=230）

因子	题项	因子载荷	α系数
关系强度	我和社区（社群）其他成员的交流频繁	0.862[1] 0.869[2]	0.842[1] 0.875[2]
	我和社区（社群）其他成员每次交流的时间挺长	0.783[1] 0.833[2]	
	我和社区（社群）其他成员很熟悉	0.777[1] 0.857[2]	
关系质量	我和社区（社群）其他成员相互信任	0.938[1] 0.666[2]	0.904[1] 0.872[2]
	我和社区（社群）其他成员相互忠诚	0.915[1] 0.886[2]	
	我和社区（社群）其他成员没有冲突	0.785[1] 0.764[2]	
	我和社区（社群）其他成员对交流很满意	0.714[1] 0.824[2]	
关系持久性	我长期和社区（社群）成员进行交流	0.829[1] 0.871[2]	0.780[1] 0.834[2]
	我和新进入社区（社群）成员交流频繁	0.861[1] 0.856[2]	
	和我交流的成员频繁离开社区（社群）	0.689[1] 0.802[2]	

注：[1]初入期（T1），[2]经验期（T2）。

接下来，本书对主体间网络关系进行二阶因子分析，将三个维度（关系强度、关系质量、关系的稳定性）进行主成分因子分析，结果表明（表6-9），KMO初入期为0.718，经验期为0.702。两个时期的Bartlett统计值也均达到了显著水平。因此适合做探索性因子分析。同样利用230份样本对其进行二阶探索性因子分析，结果如表6-9所示，3个题项析出一个因子，初入期累计解释总变量的63.640%，经验期累计解释总变量的61.904%，每个题项的因子载荷均大于0.5，通过了效度检验。

表6-9 主体间网络关系探索性因子分析结果（二阶）（N=230）

因子	题项	因子载荷	解释变异（%）	KMO值	Bartlett球体检验		
					卡方值	自由度	显著性
网络关系	网络关系强度	0.851[1] 0.788[2]	63.640[1] 61.904[2]	0.718[1] 0.702[2]	130.931[1] 126.945[2]	3[1] 3[2]	0.000[1] 0.000[2]
	网络关系质量	0.786[1] 0.867[2]					
	网络关系持久性	0.753[1] 0.696[2]					

注：[1]初入期（T1），[2]经验期（T2）。

主体—媒介关系探索性因子分析。与主体间网络关系探索性因子分析相类似，先通过KMO和Bartlett统计值确定指标之间的相关性。结果显示（表6-10），KMO值在可接受范围之内，Bartlett统计值达到了显著水平。因此，认为样本适合做探索性因子分析。

其次，本书利用230个样本对主体—媒介关系展开探索性因子分析。与主体间网络关系类似的，本书采用主成分分析法萃取因子，并采用最大方差旋转法对萃取的因子进行旋转，以特征值大于1.0为萃取标准。结果如表6-11所示，8个题项萃取出3个因子。初入期三个因子累计为解释总变量的80.154%，经验期三个因子累计为解释总变量的81.200%，每个题项的因子载荷均大于0.5，达到了统计要求[185]。关系强度、关系质量和关系持久性均根据原有构思归入同一个因子，通过了探索性因子的效度检验。

表6-10 主体—媒介关系探索性因子分析的KMO值和Bartlett检验（$N=230$）

KMO测量		0.794[①] 0.764[②]
Bartlett球体检验	卡方值	879.775[①] 1128.041[②]
	自由度	28[①] 28[②]
	显著性	0.000[①] 0.000[②]

注：[①]初入期（T1），[②]经验期（T2）。

接着，本书对主体—媒介关系进行一致性指数（Cronbach's α）检验，以评估其信度。结果表明，初入期总量表信度系数为0.852，经验期总量表信度系数为0.852。各分量表的信度系数如表6-11所示，所有因子的信度系数值均在0.700以上，达到了研究需要。

表6-11 主体—媒介关系探索性因子分析结果（$N=230$）

因子	题项	因子载荷	α系数
关系强度	我频繁通过搜索引擎、各类公共媒介和企业社交媒介（微博、微信平台）了解任务或产品信息	0.874[①] 0.926[②]	0.875[①] 0.921[②]
	我每次花费很长时间浏览、阅读和研究各类公共媒介和企业社交媒介（微博、微信平台）发布的信息	0.841[①] 0.929[②]	
	我对和协同产品相关的公共媒介和企业社交媒介（微博、微信平台）非常熟悉	0.861[①] 0.816[②]	

续表

因子	题项	因子载荷	α系数
关系质量	我很喜欢收藏公共媒介和企业社交媒介（微博、微信平台）上的任务或产品的信息	0.692[1]　0.882[2]	0.827[1] 0.842[2]
关系质量	我很喜欢评论公共媒介和企业社交媒介（微博、微信平台）上的任务或产品的信息	0.879[1]　0.810[2]	0.827[1] 0.842[2]
关系质量	我很喜欢转发公共媒介和企业社交媒介（微博、微信平台）上的任务或产品的信息	0.843[1]　0.791[2]	0.827[1] 0.842[2]
关系持久性	我长期关注公共媒介和企业社交媒介（微博、微信平台）的任务或产品信息	0.896[1]　0.862[2]	0.830[1] 0.765[2]
关系持久性	我更换公共媒介和企业社交媒介（微博、微信平台）的频率很慢	0.905[1]　0.883[2]	0.830[1] 0.765[2]

注：[1]初入期（T1），[2]经验期（T2）。

最后，本书对主体—媒介关系进行二阶探索性因子分析，将三个维度（关系强度、关系质量、关系持久性）进行主成分因子分析，分析结果表明，初入期KMO为0.716，经验期为0.728，两个时期Bartlett统计值均达到了显著水平。因此，样本适合做探索性因子分析。同样利用230份样本对其进行二阶探索性因子分析，结果如表6-12所示，3个题项析出一个因子，初入期累计解释总变量的64.381%，经验期累计解释总变量的67.432%，两个时期每个题项的因子载荷均大于0.5，通过了效度检验。

表6-12 主体—媒介关系探索性因子分析结果（二阶）（$N=230$）

因子	题项	因子载荷	解释变异（%）	KMO	Bartlett球体检验		
					卡方值	自由度	显著性
网络关系	网络关系强度	0.793[1]　0.754[2]	64.381[1] 67.432[2]	0.716[1] 0.728[2]	108.471[1] 161.279[2]	3[1] 3[2]	0.000[1] 0.000[2]
网络关系	网络关系质量	0.844[1]　0.865[2]					
网络关系	网络关系持久性	0.684[1]　0.825[2]					

注：[1]初入期（T1），[2]经验期（T2）。

（2）验证性因子分析。

探索性因子分析通过后，分别对主体间网络关系、主体—媒介关系展开验证性因子分析，以确定两类量表的聚合效度和区分效度。研究采用AMOS20.0对剩下的220份问卷展开验证性因子分析。由于主体间网络关系、主体—媒介关系均为潜因子型构念，需要对两个变量分别做二阶验证性因子分析[186]。

主体间网络关系验证性因子分析。本书采用极大似然法（Maximum Likelihood, ML）对主体间网络关系进行验证性因子分析，结果如图6-1和表6-13所示。

二阶验证性因子结果显示：

模型聚合效度检验结果显示，各因素标准负荷量均在0.50~0.95之间，且满足显著性要求，各潜变量的平均变异量抽取值（简称AVE）均超出最低值0.50。

模型区分效度检验结果显示，潜变量的相关系数的值都低于最高接受值0.85，且变量间相关系数平方值均小于AVE。

模型拟合指数检验结果显示，χ^2/df的值达到了2~5之间的可接受标准；RMSEA指标的接受程度为模型尚可接受标准，CFI和TL1都达到了大于0.9的较好水平。

验证性因子的四类判别值结果表明，主体间网络关系的模型内在质量较好，具有较高的聚合效度和区分效度，模型拟合指数达到要求。因此，主体间网络关系的测量模型有效，三个维度的划分及测量均有效。

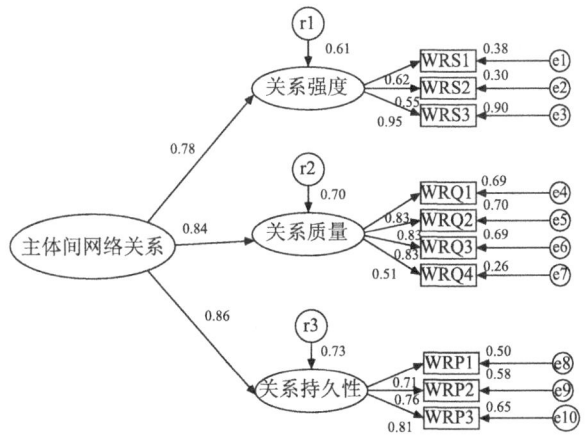

a 初入期验证性因子分析测量模型图

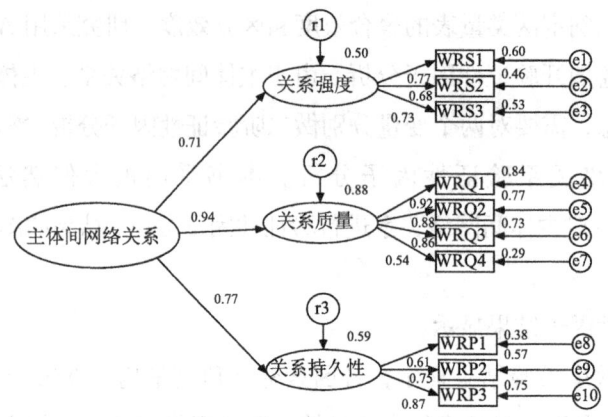

b 验证期验证性因子分析测量模型图

图 6-1 初入期及验证期验证性因子分析测量模型图

表 6-13 主体间网络关系验证性因子分析结果（N=220）

变量	题项	T值		CR	AVE	相关系数
关系强度	WRS1	—		0.761[①] 0.771[②]	0.530[①] 0.529[②]	关系强度<—>关系质量 0.656[①]　0.666[②]
	WRS2	7.251[①]***	9.589[②]***			
	WRS3	8.977[①]***	8.300[②]***			
关系质量	WRQ1	—		0.848[①] 0.884[②]	0.590[①] 0.663[②]	关系质量<—>关系持久性 0.717[①]　0.723[②]
	WRQ2	13.952[①]***	18.872[②]***			
	WRQ3	14.360[①]***	18.318[②]***			
	WRQ4	7.721[①]***	8.991[②]***			
关系持久性	WRP1	—		0.805[①] 0.792[②]	0.579[①] 0.564[②]	关系强度<—>关系持久性 0.670[①]　0.547[②]
	WRP2	9.476[①]***	8.840[②]***			
	WRP3	9.713[①]***	8.937[②]***			
网络关系	关系强度	—		0.685[①] 0.852[②]	0.785[①] 0.660[②]	—
	关系质量	6.843[①]***	7.335[②]***			
	关系持久性	6.029[①]***	6.445[②]***			

测量模型拟合指数			
χ^2/df	RMSEA	CFI	TLI
2.909[①]　2.753[②]	0.091[①]　0.087[②]	0.929[①]　0.931[②]	0.919[①]　0.934[②]

注：[①]初入期（T1），[②]经验期（T2）；*** 表示 $p < 0.001$。

主体—媒介关系验证性因子分析。采用极大似然法（Maximum Likelihood，ML）对主体—媒介关系进行验证性因子分析，结果如图6-2和表6-14所示。

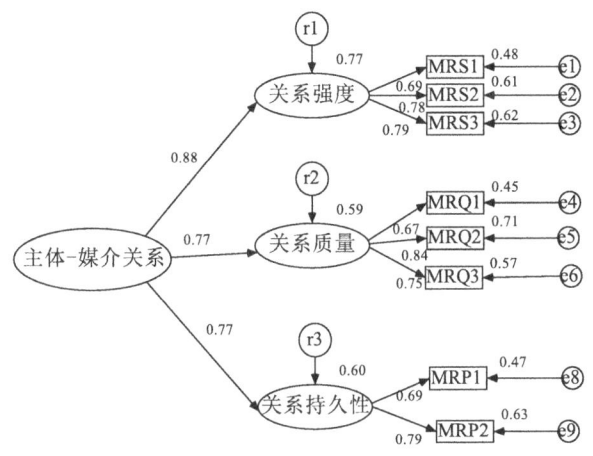

a　初入期验证性因子分析测量模型图

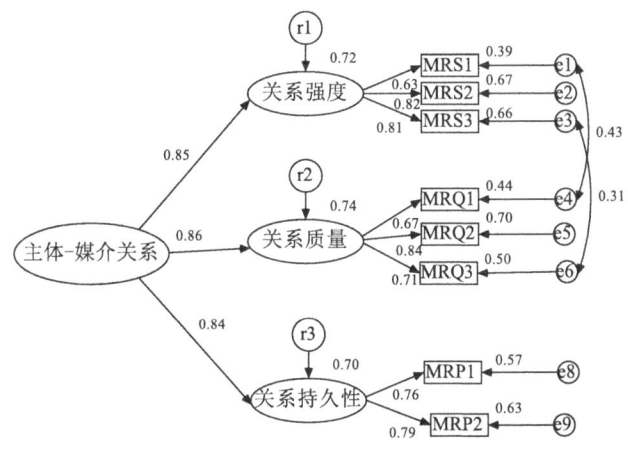

b　经验期验证性因子分析测量模型图

图6-2　初入期及经验期验证性因子分析测量模型图

表6-14 主体—媒介关系验证性因子分析结果（N=220）

变量	题项	T值		CR	AVE	相关系数
关系强度	MRS1	—	—	0.798[①] 0.800[②]	0.570[①] 0.575[②]	关系强度<—>关系质量 0.671[①]　0.730[②]
	MRS2	9.657[①]***	8.962[②]***			
	MRS3	10.035[①]***	9.450[②]***			

续表

变量	题项	T值		CR	AVE	相关系数
关系质量	MRQ1	—	—	0.780[①] 0.786[②]	0.572[①] 0.553[②]	关系质量<—>关系持久性 0.593[①] 0.720[②]
	MRQ2	9.985[①]***	9.394[②]***			
	MRQ3	9.218[①]***	9.030[②]***			
关系持久性	MRP1	—	—	0.709[①] 0.751[②]	0.550[①] 0.601[②]	关系强度<—>关系持久性 0.677[①] 0.710[②]
	MRP2	7.526[①]***	9.256[②]***			
主体—媒介关系	关系强度			0.850[①] 0.901[②]	0.653[①] 0.753[②]	—
	关系质量	5.956[①]***	7.426[②]***			
	关系持久性	5.778[①]***	6.769[②]***			

测量模型拟合指数

χ^2/df	RMSEA	GFI	TLI
3.395[①] 4.748[②]	0.067[①] 0.067[②]	0.942[①] 0.931[②]	0.905[①] 0.900[②]

注：[①]初入期（T1），[②]经验期（T2）；*** 表示 $p < 0.001$。

二阶验证性因子结果显示：

模型聚合效度检验结果显示，各因素标准负荷量均在 0.50~0.95 之间，且满足显著性要求；各潜变量的平均变异量抽取值均超出最低值 0.50。

模型区分效度检验结果显示，潜变量的相关系数的值都低于最高接受值 0.85，且变量间相关系数平方值均小于 AVE。

模型拟合指数检验结果显示，χ^2/df 的值达到了 2~5 之间的可接受标准；RMSEA 指标的接受程度为模型尚可接受标准，CFI 和 TLI 都达到了大于 0.9 的非常好水平。

验证性因子的四类判别值结果表明，主体—媒介关系的模型内在质量较好，具有较高的聚合效度和区分效度，模型拟合指数达到要求。因此，主体—媒介关系的测量模型有效，三个维度的划分及测量均有效。

6.2.2.2 协同创新客户知识分享态度

本书的中介变量为协同创新客户的知识分享态度，又可分为知识分享情感和个体认知。其中，知识分享情感是潜变量，而个体认知是潜因子型构念，可以从个体感知、期望收益和自我效能感三个维度衡量,测量时需要做二阶因子分析,将变量看成整体构念来研究变量与其他变量的关系。

(1)探索性因子分析。

知识分享情感探索性因子分析。知识分享情感是潜变量,因此,只需要做一阶探索性因子分析。同理,探索性因子分析前,先通过 KMO 和 Bartlett 统计值确定指标之间的相关性。知识分享情感的 KMO 值和 Bartlett 统计值结果如表 6-15 所示,初入期和经验期的 KMO 值均在 0.70 以上,Bartlett 统计值达到了显著。因此,样本适合做探索性因子分析。

表 6-15 知识分享情感探索性因子分析的 KMO 值和 Bartlett 检验(N=230)

KMO测量		0.750[①] 0.719[②]
Bartlett检验	卡方值	884.800[①] 889.083[②]
	自由度	6[①] 6[②]
	显著性	0.000[①] 0.000[②]

注:[①]初入期(T1),[②]经验期(T2)。

其次,本书利用 230 个样本对协同创新客户知识分享情感展开探索性因子分析。与前述相关变量类似,采用主成分分析法萃取因子,并采用最大方差旋转法对萃取的因子进行旋转,以特征值大于 1.0 为萃取标准。结果如表 6-16 所示,4 个题项萃取出 1 个因子。初入期累计解释总变量的 83.480%,检验期累计解释总变量的 83.480%,每个题项的因子载荷均大于 0.5,达到了统计要求[185],通过了探索性因子的效度检验。

接着,本书对知识分享情感进行一致性指数(Cronbach's α)检验,以评估其信度。总量表信度系数为 0.921,各分量表的信度系数如表 6-16 所示,所有因子的信度系数值均在 0.7 以上,达到了研究需要。

表 6-16 知识分享情感探索性因子分析结果(N=230)

因子	变量	因子载荷	α系数
知识分享情感	我认为参与社区(社群)知识分享活动是英明的	0.813[①] 0.846[②]	0.933[①] 0.9[②]
	我和其他社区(社群)成员知识分享的过程是愉快的	0.916[①] 0.911[②]	
	我和其他社区(社群)成员知识分享的过程是有趣的	0.899[①] 0.908[②]	
	我和其他社区(社群)成员知识分享的过程是舒畅的	0.929[①] 0.913[②]	

注:[①]初入期(T1),[②]经验期(T2)。

个体认知探索性因子分析。个体认知是潜因子型构念，需要做二阶因子分析。与之前主体间网络关系、主体—媒介关系探索性因子分析相类似，先通过KMO 和 Bartlett 统计值确定指标之间的相关性。结果显示（表6-17），KMO 值在可接受范围之内，Bartlett 统计值达到了显著水平。因此，样本适合做探索性因子分析。

表6-17 个体认知探索性因子分析的 KMO 值和 Bartlett 检验（N=230）

KMO测量		0.823[①] 0.828[②]	
Bartlett检验	卡方值	1233.339[①]	1374.439[②]
	自由度	36[①]	36[②]
	显著性	0.000[①]	0.000[②]

注：[①]初入期（T1），[②]经验期（T2）。

其次，本书利用 230 个样本对协同创新客户个体认知展开探索性因子分析。与前述相关变量类似，本书采用主成分分析法萃取因子，并采用最大方差旋转法对萃取的因子进行旋转，以特征值大于 1.0 为萃取标准。结果如表 6-18 所示，10 个题项萃取出 3 个因子。初入期累计解释总变量的 81.280%，经验期累计解释总变量的 83.046%，每个题项的因子载荷均大于 0.5，达到了统计要求，通过了探索性因子的效度检验。

接着，本书对个体认知进行一致性指数（Cronbach's α）检验，以评估其信度。初入期总量表信度系数为 0.873，经验期总量表信度系数为 0.852，各分量表的信度系数如表 6-18 所示，所有因子的信度系数值均在 0.7 以上，达到了研究需要。

表6-18 个体认知探索性因子分析结果（N=230）

因子	变量	因子载荷	α系数
个体感知	参与知识分享对我也有好处	0.884[①] 0.875[②]	0.882[①] 0.891[②]
	参与知识分享的平台或工具容易使用	0.878[①] 0.896[②]	
	参与知识分享对我来说不存在风险	0.788[①] 0.786[②]	
期望收益	通过分享知识获得现金或物质回报	0.904[①] 0.905[②]	0.885[①] 0.896[②]
	希望将来我有问题时，别人也能帮我解决	0.799[①] 0.803[②]	
	分享知识能获得满足或快乐感	0.897[①] 0.901[②]	

续表

因子	变量	因子载荷	a系数
自我效能感	我有能力完成企业发布的产品任务	0.804[1] 0.810[2]	0.866[1] 0.885[2]
	我确信能提供给企业有价值的知识	0.839[1] 0.860[2]	
	我确信自己有能力帮其他成员解决问题	0.900[1] 0.896[2]	

注：[1]初入期（T1），[2]经验期（T2）。

最后，本书对个体认知进行二阶因子分析，将三个维度（个体感知、期望收益、自我效能感）进行主成分因子分析，分析结果表明：初入期KMO为0.720，经验期0.711，两个时期的Bartlett统计值也均达到了显著，样本适合做探索性因子分析。同样利用230份样本对其进行二阶探索性因子分析，结果如表6-19所示，3个题项析出一个因子，初入期解释总变量的62.003%，经验期解释总变量的63.673%，两个时期每个题项的因子载荷均大于0.5，通过了效度检验。

表6-19 个体认知探索性因子分析结果（二阶）（N=230）

因子	题项	因子载荷	解释变异（%）	KMO值	Bartlett球体检验		
					卡方值	自由度	显著性
个体认知	个体感知	0.834[1] 0.840[2]	62.003[1] 63.673[2]	0.720[1] 0.711[2]	114.373[1] 127.853[2]	3[1] 3[2]	0.000[1] 0.000[2]
	期望收益	0.753[1] 0.768[2]					
	自我效能感	0.773[1] 0.783[2]					

注：[1]初入期（T1），[2]经验期（T2）。

（2）验证性因子分析。

探索性因子分析通过后，分别对知识分享情感、个体认知展开验证性因子分析，以确定两类量表的聚合效度和区分效度。研究采用AMOS20.0对剩下的220份问卷展开验证性因子分析。

知识分享情感验证性因子分析。本书采用极大似然法（Maximum Likelihood, ML）对知识分享情感进行验证性因子分析，结果如图6-3和表6-20所示。

验证性因子结果显示：

模型聚合效度检验结果显示，各因素标准负荷量均在0.50~0.95之间，且满足显著性要求；另外，潜变量的平均变异量抽取值超出最低值 0.50。

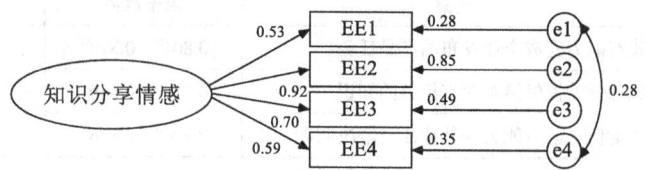

a 初入期验证性因子分析测量模型图

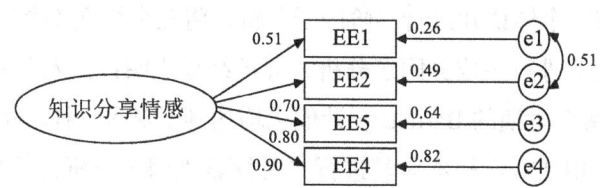

b 经验期验证性因子分析测量模型图

图 6-3 初入期及经验期验证性因子分析测量模型图

表 6-20 知识分享情感验证性因子分析结果（N=220）

变量	题项	T值		CR	AVE
知识分享情感	EE1	—	—	0.787[①] 0.825[②]	0.503[①] 0.550[②]
	EE2	7.137[①]***	9.484[②]***		
	EE3	7.272[①]***	7.596[②]***		
	EE4	7.816[①]***	7.132[①]***		
测量模型拟合指数					
χ^2/df		RMSEA		GFI	TLI
4.995[①] 2.424[②]		0.000[①] 0.076[②]		0.999[①] 0.991[②]	1.012[①] 0.944[②]

注：[①]初入期（T1），[②]经验期（T2）；*** 表示 $p < 0.001$。

模型拟合指数检验结果显示，χ^2/df 的值达到了 2~5 的可接受标准；RMSEA 指标的接受程度为模型尚可接受标准，CFI 和 TLI 都达到了大于 0.9 的较好水平。

验证性因子判别值结果表明，知识分享情感模型内在质量较好，具有较高的聚合效度，模型拟合指数达到要求。

个体认知验证性因子分析。采用极大似然法（Maximum Likelihood，ML）对个体认知进行验证性因子分析，结果如图 6-4 和表 6-21 所示。

第6章 网络环境下客户协同产品创新知识分享的实证研究

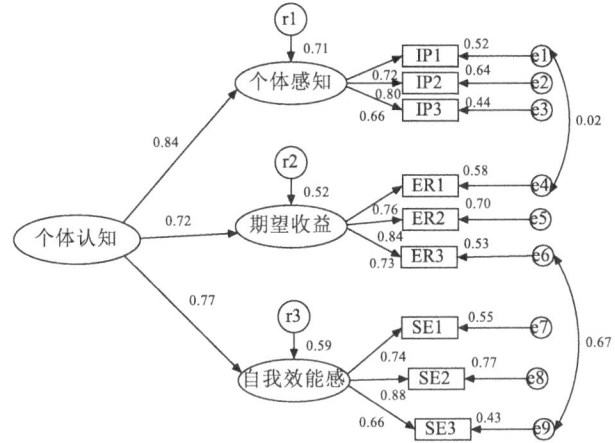

a 初入期验证性因子分析测量模型图

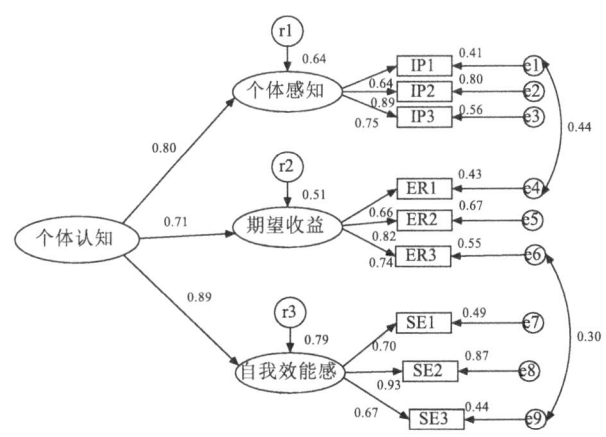

b 经验期验证性因子分析测量模型图

图 6-4 初入期及经验期验证性因子分析测量模型图

二阶验证性因子结果显示：

模型聚合效度检验结果显示，各因素标准负荷量均在 0.50~0.95 之间，且满足显著性要求；各潜变量的平均变异量抽取值均超出最低值 0.50。

模型区分效度检验结果显示，两两潜变量的相关系数的值都低于最高接受值 0.85，且变量间相关系数平方值均小于 AVE。

模型拟合指数检验结果显示，χ^2/df 的值达到了 2~5 之间的可接受标准；RMSEA 指标的接受程度为模型尚可接受标准，CFI 和 TL1 都达到了大于 0.9 的较好水平。

验证性因子的四类判别值结果表明，个体认知模型内在质量较好，具有较高的聚合效度和区分效度，模型拟合指数达到要求。

表6-21 个体认知验证性因子分析结果（N=220）

变量	题项	T值		CR	AVE	相关系数
个体感知	IP1	—	—	0.772①	0.531①	个体感知<—>期望收益
	IP2	9.374①***	10.153②***	0.808②	0.588②	0.608① 0.569②
	IP3	8.814①***	9.451②***			
期望收益	ER1	—	—	0.821①	0.605①	期望收益<—>自我效能感
	ER2	9.172①***	9.572②***	0.786②	0.552②	0.553① 0.632②
	ER3	10.970①***	8.936②***			
自我效能感	SE1	—	—	0.807①	0.586①	个体感知<—>自我效能感
	SE2	8.935①***	12.008②***	0.812②	0.601②	0.646① 0.707②
	SE3	9.563①***	9.349②***			
个体认知	个体感知	—	—	0.821①	0.606①	—
	期望收益	6.292①***	6.908②***	0844②	0.645②	
	自我效能感	6.121①***	6.374②***			

测量模型拟合指数			
χ^2/df	RMSEA	GFI	TLI
5.086① 3.451②	0.047① 0.073②	0.917① 0.926②	0.914① 0.911②

注：①初入期（T1），②经验期（T2）；*** 表示 $p < 0.001$。

6.2.2.3 协同创新客户知识分享意愿

（1）探索性因子分析。

知识分享意愿是潜变量，因此，只需要做一阶探索性因子分析。同理，探索性因子分析前，先通过 KMO 和 Bartlett 统计值确定指标之间的相关性。知识分享意愿的 KMO 值和 Bartlett 统计值结果如表6-22所示，初入期和经验期的 KMO 值均在 0.70 以上，Bartlett 统计值达到了显著水平。因此，认为样本适合做探索性因子分析。

第6章 网络环境下客户协同产品创新知识分享的实证研究

表6-22 知识分享意愿探索性因子分析的KMO值和Bartlett检验（N=230）

KMO测量		0.787[①] 0.735[②]
Bartlett检验	卡方值	388.425[①] 527.504[②]
	自由度	6[①] 6[②]
	显著性	0.000[①] 0.000[②]

注：[1] 初入期（T1），[2] 经验期（T2）。

其次，利用230个样本对协同创新客户的知识分享意愿展开探索性因子分析。与前述相关变量类似，采用主成分分析法萃取因子，并采用最大方差旋转法对萃取的因子进行旋转，以特征值大于1.0为萃取标准。结果如表6-23所示，4个题项萃取出1个因子。初入期累计解释总变量的69.880%，经验期累计解释总变量的69.880%，每个题项的因子载荷均大于0.5，达到了统计要求，通过了探索性因子的效度检验。

最后，对知识分享意愿进行一致性指数（Cronbach's α）检验，以评估其信度。结果如表6-23显示，所有因子的信度系数值均在0.7以上，达到了研究需要。

表6-23 知识分享意愿探索性因子分析结果（N=230）

因子	变量	因子载荷	α系数
知识分享意愿	我愿意参与企业发布的产品、创意设计或其他任务	0.843[①] 0.840[②]	0.852[①] 0.870[②]
	我愿意对社区（社群）成员的观点、作品或提出的难题进行评论、建议或解答	0.824[①] 0.786[②]	
	我愿意向企业分享我的知识	0.832[①] 0.878[②]	
	我愿意向社区（社群）成员分享我的知识	0.845[①] 0.898[②]	

注：[①]初入期（T1），[②]经验期（T2）。

（2）验证性因子分析。

探索性因子分析通过后，对知识分享意愿展开验证性因子分析，以确定量表的聚合效度和区分效度。采用AMOS20.0对剩下的220份问卷展开验证性因子分析。

本书采用极大似然法（Maximum Likelihood，ML）对知识分享意愿进行验证性因子分析，结果如图6-5和表6-24所示。

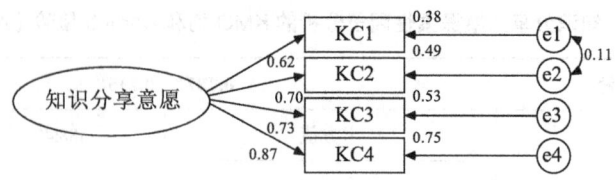

a 初入期验证性因子分析测量模型图

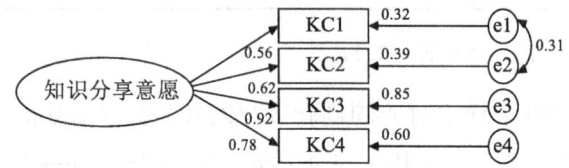

b 经验期验证性因子分析测量模型图

图 6-5 初入期及经验期验证性因子分析测量模型图

表 6-24 知识分享意愿验证性因子分析结果（N=220）

变量	题项	T值		CR	AVE
知识分享意愿	KC1	—	—	0.823[①] 0.818[②]	0.541[①] 0.538[②]
	KC2	8.678[①]***	8.862[②]***		
	KC3	8.255[①]***	8.290[②]***		
	KC4	8.861[①]***	8.364[②]***		
测量模型拟合指数					
χ^2/df		RMSEA		GFI	TL1
3.594[①] 2.022[②]		0.079[①] 0.021[②]		0.992[①] 0.980[②]	0.953[①] 0.969[②]

注：[①]初入期（T1），[②]经验期（T2）；*** 表示 $p < 0.001$。

验证性因子结果显示：

模型聚合效度检验结果显示，各因素标准负荷量均在 0.50~0.95 之间，且满足显著性要求；另外，潜变量的平均变异量抽取值均超出最低值 0.50。

模型拟合指数检验结果显示，χ^2/df 的值达到了 2~5 之间的可接受标准；RMSEA 指标的接受程度为模型尚可接受标准，CFI 和 TL1 都达到了大于 0.9 的较非常好水平。

验证性因子的四类判别值结果表明，知识分享意愿模型内在质量较好，具有较高的聚合效度和区分效度，模型拟合指数达到要求。

6.3 多元回归分析

6.3.1 回归方程检验

为了保证多元回归结果的科学和准确性，需要对模型进行多重共线性、序列相关性和异方差检验[185]。

（1）多重共线性检验。当变量之间高度相关时会出现多重共线性，导致回归系数的标准误差被放大，降低了回归系数的准确性[187]。变量的多重共线性可以通过方差膨胀因子（Variance Inflation Factor，VIF）判断，VIF大于10则认为变量之间存在严重的多重共线性[187]。本书的多元回归结果表明，所有模型变量间的VIF均小于5，表明本书变量之间并不存在多重共线性问题（具体值参见各回归分析结果）。

（2）序列相关性。变量的序列相关性可以通过计算回归模型的Durbi—Watson值进行判断[188]。本书所有回归模型的DW值均接近2，不存在严重的序列相关问题（具体值参见各回归分析结果）。

（3）异方差性。异方差是指被解释变量方差随解释变量变化的趋势[185]，可以通过残差散点图来进行判断。本书以各变量的标准化预测值做横坐标，标准化残差做纵坐标，绘制残差项散点图，结果表明所有回归模型均不存在严重的异方差性。

6.3.2 系统要素间关系对协同创新客户知识分享意愿的影响

本部分主要验证本书所提出的H1和H2及相关分假设，分析主体间网络关系和主体—媒介关系对协同创新客户知识分享意愿有何影响。

首先以客户知识分享意愿作为因变量，主体间网络关系和主体—媒介关系作为自变量构建回归模型，结果如表6-25所示。

表6-25　系统要素间关系与协同创新客户知识分享意愿回归结果（N=230）

	模型1（初入期）	模型2（经验期）
性别	0.022**	0.040
年龄	0.010**	0.020**
学历	0.049**	0.048*
主体间网络关系	0.333***	0.448***

续表

	模型1（初入期）	模型2（经验期）
主体—媒介关系	0.467***	0.384***
R^2	0.547	0.602
Adj.R^2	0.537	0.593
F值	51.730	64.846
DW值	1.677	1.797

注1：因变量为知识分享意愿。

注2：R^2 为可决系数，Adj.R^2 为调整后的可决系数；* 表示 $p < 0.05$，** 表示 $p < 0.01$，*** 表示 $p < 0.001$；表中的系数为标准化系数。

结果表明，无论在初入期还是经验期，网络环境下客户协同产品创新系统要素间关系对协同创新客户知识分享意愿具有显著的正向影响。其中，初入期主体间网络关系、主体—媒介关系与协同创新客户知识分享意愿的回归系数分别为0.333和0.467（标准化系数），并且两个回归系数均达显著水平（$p<0.001$）；经验期主体间网络关系、主体—媒介关系与协同创新客户知识分享意愿的回归系数分别为0.448和0.384（标准化系数），两个回归系数均达显著水平（$p<0.001$）。假设1（网络环境下客户协同产品创新系统要素间关系正向影响客户知识分享意愿）及其分假设1a（主体间网络关系正向影响客户知识分享意愿）、1b（主体—媒介关系正向影响客户知识分享意愿）得到验证。

研究同时发现，主体间网络关系、主体—媒介关系对协同创新客户知识分享意愿的影响程度随时间演进而发生变化。其中，主体间网络关系对协同创新客户知识分享意愿的影响初入期回归系数为0.333，经验期回归系数为0.448，影响程度随时间演进增加；主体—媒介关系对协同客户知识分享意愿的影响初入期回归系数为0.467，经验期回归系数为0.384，影响程度随时间演进降低。假设2（网络环境下客户协同产品创新系统要素间关系对客户知识分享意愿的影响程度会随着时间改变）及其分假设2a（主体间网络关系对客户知识分享意愿的影响程度会随着时间增加）、2b（主体—媒介关系对客户知识分享意愿的影响程度会随着时间降低）得到验证。

6.3.3 系统要素间关系对协同创新客户知识分享态度的影响

协同创新客户知识分享态度又分为知识分享情感和个体认知。其中假设3及其分假设、假设4及其分假设是关于网络环境下客户协同产品创新系统要素间关系与协同创新客户知识分享情感关系的假设，假设5及其分假设、假设6及其分假设是关于网络环境下客户协同产品创新系统要素间关系与协同创新客户个体认知关系的假设。接下来，本书分别以知识分享情感和个体认知为因变量，系统要素间关系为自变量，分析系统要素间关系对协同创新客户知识分享情感和个体认知的影响。

6.3.3.1 系统要素间关系对协同创新客户知识分享情感的影响

以协同创新客户知识分享情感为因变量，网络环境下客户协同产品创新系统要素间关系为自变量，分析系统要素间关系对协同创新客户知识分享情感影响，结果如表6-26所示。

表6-26 系统要素间关系与协同创新客户知识分享情感回归结果（$N=230$）

	模型1（初入期）	模型2（经验期）
性别	0.023	0.023
年龄	0.028**	0.038*
学历	0.006*	0.004*
主体间网络关系	0.350***	0.412***
主体—媒介关系	0.477***	0.435***
R^2	0.585	0.620
Adj.R^2	0.575	0.611
F值	60.221	69.693
DW值	1.824	1.9

注1：因变量为知识分享情感。

注2：R^2为可决系数，Adj.R^2为调整后的可决系数；*表示$p < 0.05$，**表示$p < 0.01$，***表示$p < 0.001$；表中的系数为标准化系数。

结果表明，无论在初入期还是经验期，系统要素间关系对协同创新客户知识分享情感具有显著的正向影响。其中，初入期，主体间网络关系、主体—媒介关系对协同创新客户知识分享情感的回归系数分别为0.350和0.477（标准化系数），并且两个回归系数均达显著水平（$p<0.001$）；经验期，主体间网络关系、主体—媒介关

系对协同创新客户知识分享意愿的回归系数分别为0.412和0.435（标准化系数），并且两个回归系数均达显著水平（$p<0.001$）。假设3（网络环境下客户协同产品创新系统要素间关系正向影响客户知识分享情感）及其分假设3a（主体间网络关系正向影响客户知识分享情感）、3b（主体—媒介关系正向影响客户知识分享情感）得到验证。

研究同时发现：主体间网络关系、主体—媒介关系对协同创新客户知识分享情感的影响程度随时间演进而发生变化。其中，主体间网络关系对协同创新客户知识分享情感的影响初入期回归系数为0.350，经验期回归系数为0.412，影响程度随时间演进增加；主体—媒介关系对协同创新客户知识分享情感的影响初入期回归系数为0.477，经验期回归系数为0.435，影响作用时间演进降低。假设4（网络环境下客户协同产品创新系统要素间关系对客户知识分享情感的影响程度会随着时间改变）及其分假设4a（主体间网络关系对客户知识分享情感的影响程度会随着时间增加）、4b（主体—媒介关系对客户知识分享情感的影响程度会随着时间降低）得到验证。

6.3.3.2 系统要素间关系对协同创新客户个体认知的影响

以协同客户个体认知为因变量，网络环境下客户协同产品创新系统要素间关系为自变量，分析系统要素间关系对协同创新客户个体认知的影响，结果如表6-27所示。

表6-27　系统要素间关系与协同创新客户个体认知回归结果（$N=230$）

	模型1（初入期）	模型2（经验期）
性别	0.052*	0.055
年龄	0.014**	0.015*
学历	0.003*	0.007*
主体间网络关系	0.200***	0.319***
主体—媒介关系	0.572**	0.481***
R^2	0.524	0.558
Adj.R^2	0.513	0.548
F值	47.106	54.140
DW值	1.841	1.927

注1：因变量为个体认知。

注2：R^2为可决系数，Adj.R^2为调整后的可决系数；*表示$p<0.05$，**表示$p<0.01$，***表示$p<0.001$；表中的系数为标准化系数。

结果表明,无论在初入期还是经验期,网络环境下客户协同产品创新系统要素间关系对协同创新客户个体认知具有显著的正向影响。其中,初入期主体间网络关系、主体—媒介关系对协同创新客户个体认知的回归系数分别为 0.200 和 0.572（标准化系数）,并且两个回归系数均达显著水平（前者为 $p<0.001$,后者为 $p<0.01$）；经验期,主体间网络关系、主体—媒介关系对协同创新客户个体认知的回归系数分别为 0.319 和 0.481（标准化系数）,且两个回归系数均达显著水平（$p<0.001$）。假设5（网络环境下客户协同产品创新系统要素间关系正向影响客户个体认知。）及其分假设5a（主体间网络关系正向影响客户个体认知）、5b（主体—媒介关系正向影响客户个体认知）得到验证。

研究同时发现,主体间网络关系、主体—媒介关系对协同创新客户个体认知的影响程度随时间演进而发生变化。其中,主体间网络关系对协同创新客户个体认知的影响初入期回归系数为 0.200,经验期回归系数为 0.319,影响程度随时间演进而增加；主体—媒介关系对协同创新客户个体认知的影响初入期回归系数为 0.572,经验期回归系数为 0.481,影响程度随时间演进而降低。假设6（网络环境下客户协同产品创新系统要素间关系对客户个体认知的影响程度会随着时间改变）及其分假设6a（主体间网络关系对客户个体认知的影响程度会随着时间增加）、6b（主体—媒介关系对客户个体认知的影响程度会随着时间降低）得到验证。

6.3.4 协同创新客户知识分享态度对知识分享意愿的影响

6.3.4.1 协同创新客户知识分享情感对知识分享意愿的影响

以协同创新客户知识分享意愿为因变量,知识分享情感为自变量,分析协同创新客户知识分享情感对知识分享意愿的影响,结果如表6-28所示。

表6-28 协同创新客户知识分享情感与知识分享意愿回归结果（$N=230$）

	初入期	经验期
性别	0.013**	0.003*
年龄	0.027**	0.066**
学历	0.045**	0.041*
知识分享情感	0.808***	0.807***
R^2	0.656	0.660

续表

	初入期	经验期
Adj.R^2	0.650	0.653
F值	102.570	104.161
DW值	1.848	1.850

注1：因变量为知识分享意愿。

注2：R^2为可决系数，Adj.R^2为调整后的可决系数；*表示$p<0.05$，**表示$p<0.01$，***表示$p<0.001$；表中的系数为标准化系数。

结果表明，无论在初入期还是经验期，协同创新客户知识分享情感对知识分享意愿有显著的正向影响。其中，初入期知识分享情感对知识分享意愿的回归系数为0.808（标准化系数，$p<0.001$），经验期知识分享情感对知识分享意愿的回归系数为0.807（标准化系数，$p<0.001$）假设7（网络环境下，协同产品创新客户的知识分享情感正向影响客户知识分享意愿）得到验证。

6.3.4.2 协同创新客户个体认知对知识分享意愿的影响

以协同创新客户知识分享意愿为因变量，个体认知为自变量，分析协同创新客户个体认知对知识分享意愿的影响。结果如表6-29所示。

表6-29 协同创新客户个体认知与知识分享意愿回归结果（$N=230$）

	初入期	经验期
性别	0.053**	0.036
年龄	0.033**	0.045*
学历	0.026**	0.021**
个体认知	0.576***	0.623***
R^2	0.341	0.399
Adj.R^2	0.329	0.388
F值	27.785	35.643
DW值	1.850	1.829

注1：因变量为知识分享意愿。

注2：R^2为可决系数，Adj.R^2为调整后的可决系数；*表示$p<0.05$，**表示$p<0.01$，***表示$p<0.001$；表中的系数为标准化系数。

结果表明,无论在初入期还是经验期。协同客户个体认知对知识分享意愿有显著的正向影响。其中,初入期个体认知对知识分享意愿的回归系数为 0.576(标准化系数,$p<0.001$),经验期个体认知对知识分享意愿的回归系数为 0.623(标准化系数,$p<0.001$)假设 8(网络环境下,协同产品创新客户的个体认知正向影响客户知识分享意愿)得到验证。

6.4 知识分享态度的中介效应检验

为了验证协同客户知识分享态度的中介效应的假设,参考 Baron 与 Kenny[189] 提出的中介效应验证程序,分三步对相关假设进行估计。第一步,验证系统要素间关系对协同创新客户知识分享意愿的作用;第二步,验证系统要素间关系对协同创新客户知识分享态度的作用;第三步:考察知识分享态度在"系统要素间关系—知识分享意愿"之间的中介效应。

6.4.1 知识分享情感的中介效应

首先对假设 9 提出的客户知识分享情感对"网络环境下客户协同产品创新系统要素间关系—客户知识分享意愿"具有中介作用进行验证,结果如表 6-30 所示。

表 6-30 知识分享情感对"系统要素间关系与知识分享意愿"的中介作用($N=230$)

	初入期		经验期	
	模型1	模型2	模型1	模型2
性别	0.022**	0.009	0.040	0.028
年龄	0.010**	0.007*	0.020**	0.040*
学历	0.049**	0.052	0.048*	0.050
主体间网络关系	0.333***	0.127*	0.448***	0.230***
主体—媒介关系	0.467***	0.186**	0.384***	0.154*
知识分享情感		0.588***		0.528***

续表

	初入期		经验期	
	模型1	模型2	模型1	模型2
R^2	0.547	0.691	0.602	0.709
$Adj.R^2$	0.537	0.682	0.593	0.700
F值	51.730	79.318	64.846	86.340
DW值	1.677	1.843	1.797	1.922

注1：因变量为知识分享意愿。

注2：R^2为可决系数，$Adj.R^2$为调整后的可决系数；*表示$p<0.05$，**表示$p<0.01$，***表示$p<0.001$；表中的系数为标准化系数。

在两个时期模型1的基础上引入知识分享情感（成为模型2），初入期主体间网络关系对协同创新客户知识分享意愿的影响系数由模型1的0.333（$p<0.001$）下降到模型2的0.127（$p<0.05$），主体—媒介关系对协同创新客户知识分享意愿的影响系数由模型1的0.467（$p<0.001$）下降到模型2的0.186（$p<0.01$）；经验期主体间网络关系对协同创新客户知识分享意愿的影响系数由模型1的0.448（$p<0.001$）下降到模型2的0.230（$p<0.001$），主体—媒介关系对协同创新客户知识分享意愿的影响系数由模型1的0.384（$p<0.001$）下降到模型2的0.154（$p<0.05$）；可见，无论哪个时期，知识分享情感都是"主体间网络关系—知识分享意愿"的部分中介，也是"主体—媒介关系—知识分享意愿"的部分中介。假设9（客户知识分享情感对"主体间网络关系—客户知识分享意愿"具有中介作用）及相关分假设9a（客户知识分享情感对"主体间网络关系—客户知识分享意愿"具有中介作用）、9b（客户知识分享情感对"主体—媒介关系—客户知识分享意愿"具有中介作用）得到验证。

6.4.2 个体认知的中介效应

对假设10提出的个体认知对"网络环境下客户协同产品创新系统要素间关系—客户知识分享意愿"具有中介作用进行验证，结果如表6-31所示。

第6章 网络环境下客户协同产品创新知识分享的实证研究

表6-31 个体认知对"系统要素间关系与知识分享意愿"的中介作用（N=230）

	初入期		经验期	
	模型1	模型2	模型1	模型2
性别	0.022**	0.015	0.040	0.034
年龄	0.010**	0.008*	0.020**	0.018*
学历	0.049**	0.049	0.048**	0.048
主体间网络关系	0.333***	0.257*	0.448***	0.410***
主体—媒介关系	0.467***	0.440**	0.384***	0.327***
个体认知		0.134*		0.119*
R^2	0.547	0.556	0.602	0.609
Adj.R^2	0.537	0.543	0.593	0.598
F值	51.730	44.416	64.846	55.207
DW值	1.877	1.893	1.797	1.890

注1：因变量为知识分享意愿。

注2：R^2为可决系数，Adj.R^2为调整后的可决系数；*表示$p<0.05$，**表示$p<0.01$，***表示$p<0.001$；表中的系数为标准化系数。

在两个时期模型1的基础上引入个体认知（成为模型2），初入期主体间网络关系对协同创新客户知识分享意愿的影响系数由模型1的0.333（$p<0.001$）下降到模型2的0.257（$p<0.05$），主体—媒介关系对协同创新客户知识分享意愿的影响系数由模型1的0.467（$p<0.001$）下降到模型2的0.440（$p<0.01$）；经验期主体间网络关系对协同创新客户知识分享意愿的影响系数由模型1的0.448（$p<0.001$）下降到模型2的0.410（$p<0.001$），主体—媒介关系对协同创新客户知识分享意愿的影响系数由模型1的0.384（$p<0.001$）下降到模型2的0.327（$p<0.05$）；可见，无论哪个时期，个体认知都是"主体间网络关系—知识分享意愿"的部分中介，也是"主体—媒介关系—知识分享意愿"的部分中介，假设10（客户个体认知对"网络环境下客户协同产品创新系统要素间关系—客户知识分享意愿"具有中介作用）及相关分假设10a（客户个体认知对"主体间网络关系—客户知识分享意愿"具有中介作用）、10b（客户个体认知对"主体—媒介关系—客户知识分享意愿"具有中介作用）得到验证。

6.5 讨论与分析

本部分对模型结果进行分析，并通过对比不同时间段值的变化来分析模型随时间演变趋势。总体上来讲，系统要素间关系对协同创新客户知识分享意愿的影响作用是显著的，但影响途径和影响程度随时间演变而发生变化。

6.5.1 直接效应分析

从系统要素间关系、知识分享态度和知识分享意愿的直接效应来看，初入期和经验期，系统要素间关系的两个组成要素：主体间网络关系和主体—媒介关系都直接影响到协同创新客户知识分享态度和知识分享意愿，但影响程度不同且随时间演变而发生变化。

初入期，主体间网络关系和主体—媒介关系都直接影响协同创新客户知识分享态度和知识分享意愿。但主体—媒介关系对协同创新客户知识分享态度、知识分享意愿的影响程度要大于主体间网络关系对两者的影响程度。这是因为初入期的协同创新客户来源于不同的地理位置和不同的知识领域，彼此之间比较陌生。相关研究也证明，处于相对陌生的群体中，个体更愿意通过媒介搜寻信息[190, 191]。

随着时间的演进，主体间网络关系和主体—媒介关系对协同创新客户知识分享态度和知识分享意愿的影响程度会发生变化。其中，主体间网络关系对知识分享情感和知识分享意愿的影响程度在增加，主体—媒介关系对知识分享情感和知识分享意愿的影响程度在降低。主要原因是，随着时间的演进，由于协同创新的需要，个体之间会通过多种社交软件（QQ、微信）进行沟通，主体间网络关系会逐步增强。相关研究也证明主体之间网络关系的形成会影响主体的态度和行为[27, 192]。相反的，随着主体间网络关系的增强，通过网络关系获取产品和协同信息会更准确和有用，主体选择公共媒介和企业社交媒介获取信息的次数相应会减少，主体—媒介关系的影响程度会相应降低。

6.5.2 中介效应分析

研究结果显示，无论是初入期，还是经验期，知识分享情感、客户个体认知在系统要素间关系和知识分享意愿中的中介效应都显著，主体间网络关系、主体—媒介关系一方面直接影响协同创新客户的知识分享意愿，另一方面通过影响知识分享情感和个体认知来影响知识分享意愿。这一结论既对应了理性行为理论的主要观点，同时又丰富了理性行为理论在网络环境下的延伸和发展。

6.5.3 对比分析

直接效应分析部分已经对知识分享在时间演化情景下的差异性进行了分析。本部分主要对各个构念在时间情景下的演化做进一步分析，并进行解释。

本书为统计意义上的基于时间的单因子方差分析，因此，将时间作为因子赋值使其成为样本的一列，然后比较分析不同时间段内不同构念均值差值的显著程度。表 6-32 是不同时间段各构念的均值，表 6-33 是构念在不同时间段内均值差值的比较结果。

表 6-32 分组样本描述（N=230）

	时间段	样本	均值	标准偏差	标准误均值
WR	T1	220	2.42	1.70	0.14
	T2	220	2.80	1.64	0.16
MR	T1	220	2.61	1.81	0.17
	T2	220	2.33	1.75	0.20
EE	T1	220	2.64	1.78	0.15
	T2	220	2.75	1.72	0.16
PR	T1	220	2.55	1.67	0.14
	T2	220	2.75	1.50	0.17
KC	T1	220	2.73	1.51	0.19
	T2	220	2.87	1.42	0.21

注：WR 代表主体间网络关系，MR 代表主体—媒介关系，EE 代表知识分享情感，PR 代表个体认知，KC 代表知识分享意愿。

表 6-33 可以看出：当以初入期和经验期为划分界限时，各个构念对应的 F 值的 Sig 均大于 0.1，可以认为方差齐性，方差齐性时，各个构念对应的 T 值结果显示：WR、MR、PR 和 KC 四个构念均值差异是显著的，EE 构念均值差异不

显著。

以上结果表明：随着时间的演进，协同创新客户在主体间网络关系构念上的得分呈显著上升趋势，在主体—媒介关系构念上的得分呈现显著降低的趋势，这点与直观感觉基本一致。加入协同创新初期，与其他个体的网络关系密切度很低，个体倾向于通过在公共媒介和企业社交媒介中搜索获取相关信息。随着个体之间协同创新的深入，熟悉程度会增加，"生人圈"向"熟人圈"身份的转变会提升个体和其他协同创新主体网络关系的密切程度，个体倾向于通过网络关系获取相关协同信息和知识来代替通过媒介获取。

表 6-33 分组均值差值 T 检验（90% 置信区间）（N=230）

		方差齐性检验		均值相等T检验						
		F	Sig.	T	df	Sig.（双尾）	均值差异	标准误差异	最小值	最大值
WR	0	1.706	0.192	5.907	438	0.000	0.37828	0.06464	0.25242	0.50415
	1			5.907	434.330	0.000	0.37828	0.06464	0.25242	0.50415
MR	0	0.981	0.322	−5.755	438	0.000	−0.27500	0.06516	−0.50307	−0.24693
	1			−5.755	434.870	0.000	−0.27500	0.06516	−0.50308	−0.24692
EE	0	1.070	0.931	0.208	438	0.135	0.11818	0.08743	−0.15365	0.19002
	1			0.208	437.985	0.135	0.11818	0.08743	−0.15365	0.19002
PR	0	1.109	0.741	1.405	438	0.041	0.20568	0.07522	−0.04216	0.25353
	1			1.405	437.818	0.041	0.20568	0.07522	−0.04216	0.25353
KC	0	1.243	0.622	0.578	438	0.044	0.14242	0.07345	−0.10192	0.18677
	1			0.578	436.907	0.044	0.14242	0.07345	−0.10192	0.18677

注：WR 代表主体间网络关系，MR 代表主体—媒介关系，EE 代表知识分享情感，PR 代表个体认知，KC 代表知识分享意愿。

研究结果表明随着时间的演进，协同创新客户在个体认知和知识分享意愿构念上的平均得分显著增加。这一研究结果与相关文献的研究结论一致[36]，揭示了持续参与的重要性：企业开展协同创新的目的是充分利用协同创新客户的知识和智慧，协同客户持续参与创新可以增加其知识分享意愿，从而更大地挖掘个人知识价值。

另外，对比分析结果进一步揭示了网络环境下客户协同产品创新系统要素间关系对协同创新客户知识分享意愿影响的动态变化机理，随着时间的演进，主体间网络关系对知识分享态度和分享意愿的影响程度上升，但同时，主体—媒介对知识分享态度和分享意愿的影响程度下降，进一步说明了主体间网络关系对知识分享态度和分享意愿的影响程度随之间演进增加，能够抵消主体—媒介关系下降而引起的态度和意愿下降趋势。

6.6 本章小结

在第 5 章提出的"网络环境下客户协同产品创新系统要素间关系—协同创新客户知识分享态度—协同创新客户知识知识分享意愿"概念模型与研究假设的基础上，本章通过调查问卷对参与企业协同产品创新的 450 名协同创新人员进行实证研究。通过信度和效度分析、描述性统计及多元回归等分析和中介效应检验程序，验证"网络环境下客户协同产品创新系统要素间关系—协同创新客户知识分享态度—协同创新客户知识分享意愿"的影响机理。实证结果显示，前文提到的所有研究假设均得到验证，研究结果表明：

（1）主体间网络关系、主体—媒介关系对协同创新客户的知识分享态度（知识分享情感和个体认知）和知识分享意愿有显著的正相关关系。知识分享情感与个体认知在"主体间网络关系、主体—媒介关系—知识分享意愿"中都充当了半中介的作用。

（2）通过比较初入期和经验期多元回归系数的变化可知，主体间网络关系对协同创新客户知识分享情感、个体认知和知识分享意愿的影响程度随时间演进而增加。而主体—媒介关系对协同创新客户知识分享情感、个体认知和知识分享意愿的影响程度随时间演进而降低。

第7章 网络环境下客户协同产品创新知识分享治理机制研究

由第4章探索性案例分析、第5章和第6章的实证分析结果可以得出：静态层面，协同创新客户的主体间网络关系、主体—媒介关系对协同创新客户的知识分享意愿起到了一定的正向影响作用，知识分享情感和个体认知在其间充当半中介效应。动态层面，主体间网络关系、主体—媒介关系对协同创新客户知识分享意愿的影响程度随着协同创新客户协同时间的增加和协同经验的增加而发生变化。本章在相关研究结论的基础上，基于治理理论，对网络环境下客户协同产品创新的治理进行研究。

本章的研究对应科学问题4：如何对协同创新客户这一群体进行治理，保障企业客户协同产品创新活动持续性开展，促进协同创新客户知识分享行为健康、持续进行。针对这一问题，本章首先概述了治理理论和联盟治理理论的相关内容。然后在理论支持、实践指导和前期相关问题充分论述和分析的基础上，提出网络环境下客户协同产品创新知识分享的治理机制和详细的治理对策。

7.1 网络环境下客户协同产品创新知识分享存在的问题

网络环境下客户协同产品创新知识分享存在的问题在前言部分已经进行了论述，此处不再做详细论述。通过分析我们知道，网络环境下，协同产品创新客户的特征包括：

第一，成员无组织边界。协同客户可以灵活地往来于各个协同创新企业，其灵活性、无组织边界性可能会给企业的创新带来一定的风险和隐患，应加以合理的防范和治理。

第二，弱关系性。协同客户的弱关系性容易造成知识分享人员的流失。因此，怎样利用其长，回避其短，需要思考。

第三，强异质性。客户的专业领域，知识特长和兴趣爱好差异性较大，彼此之间的知识具有较强的异质性，企业应加以重视和合理利用。

许多企业已经意识到协同创新客户的特征和协同创新客户知识分享的重要性。但是在真正实施或执行的过程中，仍然存在以下问题：

（1）多样化实施。现有的种类繁多的客户协同产品创新网路平台中，完全由企业主导和实施的并不多见，企业通常会以参与者的身份出现，参与知识分享活动并引导创新热情。实际上，网络环境下的协同创新客户的无组织性和弱关系性往往需要外部力量的介入。

（2）粗放式管理。现有的客户协同产品创新网络平台对客户的管理不予分类，统一对待。粗放式管理不利于协同客户知识分享的健康运行，仔细剖析知识分享者的行为特征和变化趋势，并对其合理分类，实施精细化管理，才能真正发挥协同客户的知识创造或创新功能。

（3）疏于治理。网络环境下的客户协同产品创新的开展尚处于探索阶段，企业对知识分享者的真正动机、目的和背后的推动力量尚不熟悉，因此，很难对知识分享行为加以控制和治理。

针对以上问题，通过第4章探索性案例研究、第5章和第6章的实证分析，我们厘清了网络环境下客户协同产品创新知识分享的特征和知识分享机理。接下来，我们根据相关研究结论，对企业如何主导和实施基于网络的客户协同产品创新知识分享活动，如何对协同创新人员和知识分享过程进行治理展开分析。

7.2 网络环境下客户协同产品创新知识分享治理的含义

传统治理理论认为，完整的治理概念包括治理结构、治理工具和治理主体。其中，治理结构指具体的制度安排；治理工具即技术工具，指治理中采取的策略或方式；而治理主体往往不是唯一的，涉及相关利益者[130]。

相对于网络环境下客户协同产品创新来说，知识分享治理是基于系统中各协同主体的知识分享的关系，提出具体的治理策略，从而弱化分享过程中的障碍和各类问题症结,促进知识分享顺利进行。

实证分析的结果显示,客户在协同创新的过程中一方面会相互协作、沟通,从而形成主体间网络,另一方面,又会通过各类媒体查询相关信息,从而形成和媒体之间的交互关系。探索性案例分析和实证分析中,我们已经获悉,协同创新客户知识分享的方式包括知识交易、知识共享和知识贡献。知识分享意愿除了受协同客户情感和认知的影响,还受协同关系的影响,协同关系一方面直接影响协同创新客户的知识分享意愿,另一方面通过影响协同创新客户的情感和认知起作用。协同创新客户情感指客户在和其他客户协同或交流的过程中,或者与各类媒介交互的过程中心灵深处情感的波动,可能是轻松、愉悦等正面情感,也可能是无趣、冷漠等负面情感。协同客户认知则包括协同创新客户在协同过程中的个体感知、期望收益、自我效能感。

根据对网络环境下客户协同产品创新系统要素和知识分享过程的分析,构建网络环境下客户协同产品创新知识分享治理模型(图7-1)。

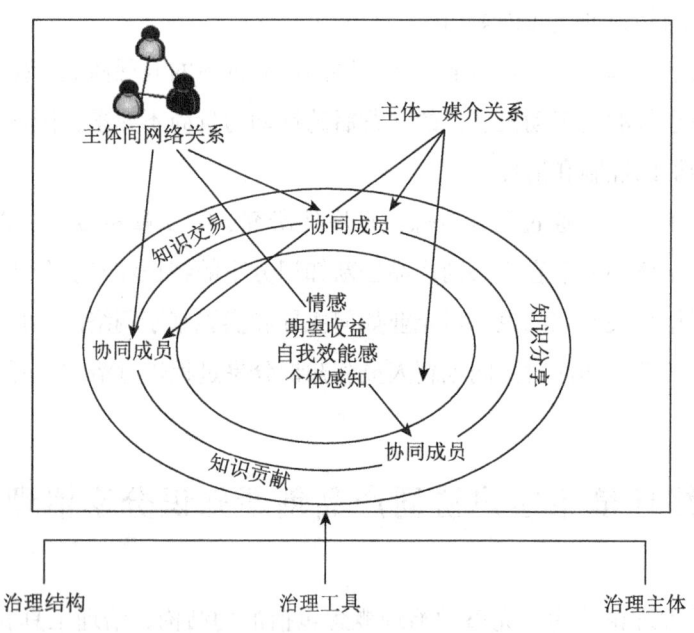

图7-1 网络环境下客户协同产品创新知识分享治理模型图

企业要治理协同创新的客户群体,应先了解企业与客户的关系。很显然,协同创新客户和企业的关系不是传统企业和员工的正式契约关系,属于非正式契约关系。非正式契约关系的治理模式致力于通过改变参与者的内在要素使其自觉行事。本书的实证研究结果表明,要改变协同创新客户的内在要素,一方面要从改善协同关系入手治理,另一方面要从知识分享过程入手治理。

7.3 协同关系治理

协同创新系统的协同关系包括主体间网络关系和主体—媒介关系。第6章的实证结果表明,从静态层面看,这两类协同关系都可以影响到协同客户知识分享态度和知识分享意愿。从动态层面看,这两类协同关系对客户知识分享态度和知识分享意愿的影响程度会随时间而发生变化。初入期,主体—媒介关系的影响程度要大于主体间网络关系,但随着时间演变,主体—媒介关系的影响程度逐渐降低,而主体间网络关系的影响程度逐渐增加,并最终超越主体—媒介关系的影响程度。

因此,企业在治理协同关系时,应充分考虑协同创新客户的动态变化趋势,从以下几方面着手治理。

7.3.1 重视协同创新人群网络化管理

传统企业协同创新重视企业集群和协同网络的重要性,企业之间协同网络的形成能够充分利用各个企业的优势资源,提高创新绩效。在开放式创新中,企业通过和高校、研究机构建立创新网络,实现知识共享,整合网络各节点优势资源,提升企业的创新优势。

客户协同产品创新是企业开放式创新的重要途径,不同于其他创新模式,协同创新客户的规模较大,但组织性较差、地域性分散,且知识往往具有动态性、多样性、分散性、模糊性等特征,造成了客户知识集成有较大困难,需要客户具有更高的知识分享意愿才可以配合完成。本书的实证部分也得出,协同创新网络的形成可以有效促进协同客户知识分享意愿。

客户协同产品创新网络是客户之间通过交流互动形成的网络。企业在其间的作用是鼓励、引导和组织构建。首先,企业在发布协同任务时,应设计相关的参与模式,鼓励客户协同参与。例如,在任务发布模式上,可以改变以前的公告发布模式和封闭式竞赛模式,采取更有趣的讨论模式,甚至是开放式讨论模式。

企业通过QQ、微信群组建虚拟社区或虚拟社群，虚拟社区或社群的组建可以促进客户联结或加强客户之间关系，进而促进成员之间亲密的情感联结，形成较强的网络关系。尤其在移动终端普遍应用的时代，通过QQ、微信几乎可以连接到所有的协同客户，虚拟社区或社群协同创新模式可以充当虚拟组织的角色，从而很好地解决企业协同创新人员的无组织、无边界问题。

7.3.2 重视协同产品信息的网络媒介传播

信息网络传播是指信息通过各类公共媒介和企业社交媒介来传播。信息网络传播被广泛应用于企业的营销领域，通过构建网站、微博或微信公共账号，企业可以更形象、生动地宣传企业本身或产品信息，或者更为精准地联系客户，提升企业的品牌或产品销售业绩。

信息网络传播在客户协同产品创新领域的重要性没有得到足够重视。在客户协同产品创新的过程中，由于协同人员的知识分布较广，对协同产品的熟悉程度不高，阻碍了协同的效果。因此，如果企业能充分利用各类网站和社会化媒体平台，将协同产品的相关信息和知识进行传播，可以有效解决这一难题。可以从以下几方面入手治理。

首先，在自有网络媒介上及时发布产品相关信息。企业的自有网络媒介包括企业网站、企业微博和企业微信平台。这类信息发布媒介被协同客户认为是非常重要的平台，浏览次数相对较高。如果企业能合理利用这类媒介，发布相关的产品信息和协同的相关问题、知识，则可以充分挖掘协同创新客户的知识。

其次，重视在各类公共网络媒介上进行协同信息和知识的传播。公共网络媒介是企业接触更广范围人群的重要工具。这部分人群是企业协同产品创新的潜在客户，如果能激发其知识潜能和知识分享兴趣，对企业持续性协同创新有很好的推动和保障效果。

7.3.3 网络和媒体动态视角的混合治理模式

在企业时间和精力有限的情况下，需要分阶段有重点实施。因此，有必要将协同人群网络化管理和信息网络媒介传播在时间轴上进行分析。

本书第6章的实证研究结果表明，在企业实施某项产品协同创新初期，一方面，网络中对于产品的信息量和相关知识很少，协同的效果往往不理想，企业应投入主要精力在协同信息网络化传播上,以及时满足协同创新客户对协同产品信息和知识的渴求。另一方面,客户参与协同初期,对网络中的协同人群比较陌生,相比从网络中获取知识,个体更愿意通过网络信息平台或媒介获取知识,而企业网站、公用媒介和企业社交媒介是协同客户寻找协同产品信息和知识的主要方式。因此,企业应建立一定的客户服务机制,例如,知识推荐机制,引导协同人群快速准确地寻找产品信息源。

随着时间的演进,网络信息环境逐渐完善,信息量较充分。同时,随着协同客户同网络中的其他客户熟悉程度的提升,网络的效应开始体现,并逐渐成为影响客户知识分享的重要环境因素,企业的治理重点也应相应有所转移。此时,企业应加大协同客户网络化管理投入,通过多种工具和手段,设置合适的社群奖励和激励机制,鼓励客户在协同创新人群中分享协同产品知识。

7.4 知识分享过程治理

从实证环节可以看出,受情感、期望收益、自我效能感、个体感知等内部因素的影响,协同客户的外部知识分享行为主要有知识交易、知识共享和知识贡献,且不同知识分享行为的内在主导因素也存在差异,例如,知识交易主要受个体期望收益的影响[193],而知识共享和知识贡献受情感、自我效能感,个体感知等因素的影响较大[35, 36, 174]。因此,需要针对不同的知识分享行为分类治理。

7.4.1 知识交易治理

近年来,知识也逐渐成为被普遍认可的商品,可以在网络平台中通过多种方式交易。例如,知名的网络协同创新平台 InnoCentive,聚集了上千家企业和数十万名创新者,平台通过知识交易的方式来完成知识分享活动。协同创新系统中,协同客户既可以将知识出售给企业,也可以出售给其他的协同个体,允许协同客户间进行知识交易,可以更好地增强知识的整合效率和创新效果。因此,我们重点关注企业如何指导或约束交易价格,使其知识交易过程更科学、合理。基于知识交易视角和平台竞争分析框架,建立差异化系统两阶段定价模型,来分析协同客户知识交易的交易价格。

7.4.1.1 客户协同产品创新系统知识交易模型构建

（1）基于 Armstrong（2006）[194]平台竞争分析框架，假设：

① 知识交易主体假设：考虑有两个客户协同创新系统，分别位于 [0, 1] 线形位置的两端，知识交易主体可以选择在任何一个系统进行知识交易。为简化分析，假设两个协同创新系统的知识生产成本均为 0，交易主体可以采取收费的知识输出方式，在第一阶段，理性的知识交易者会预期交易对象会受到价格和系统人群规模的影响。因此，交易者会追求当期和第二期交易利润产出总和的最大化。

② 交易对象假设：假设对象的数量在 [0,1] 的网络平台上均匀分布，且数量标准化为 1，单位运输成本为 t，其中每个对象每次只能选择一个交易者来交易知识。为了分析方便，我们假设第一阶段 A、B 知识平台的人群规模分别为 n_1^A 和 n_1^B，则 $n_1^A + n_1^B = 1$；a 分别表示各阶段网络平台网络外部性系数，反映网络平台的网络规模和网络凝聚力，则 an_1^A、an_1^B 分别表示平台成员同 A、B 网络平台人群交流可获取的网络效应。

③ 知识交易方式假设：不同于产品类平台，在知识输出类协同创新系统中，交易对象往往可以选择付费获取知识，也可以通过和其他网络成员进行交流的方式来免费获取知识。因此，交易对象往往存在两类，"收费"类对象（偏好收费）和"免费"类对象（偏好免费），假设市场中"收费"类对象的比例为 λ，"免费"类对象的比例则为 $1-\lambda$。"收费"类对象可以通过收费和免费两种方式进行知识获取，而"免费"类对象则只能通过免费的方式进行知识获取。另外，r 表示"收费"类知识交易对象所获得的效应，假设 r 足够大，能够覆盖"收费"类整个市场。

（2）模型构建。

① 交易个体效应函数。参考 Shi M[195]和帅旭等[196]提出的平台竞争模型，构建本研究的研究模型。基于上述假设，网络平台中，第一阶段，位于 x_1^A 位置的"收费"类对象和位于 y_1^A 位置的"免费"类对象在 A 和 B 两个系统中获取知识所获得的效用函数 U_{1x} 为

$$U_{1x} = \begin{cases} r + an_1^A - p_1^A - tx_1^A & \text{（选}A\text{择协同创新网络系统）} \\ r + an_1^B - p_1^B - t(1-x_1^A) & \text{（选}B\text{择协同创新网络系统）} \end{cases} \quad (7-1)$$

$$U_{1y} = \begin{cases} an_1^A - ty_1^A & \text{（选}A\text{择协同创新网络系统）} \\ an_1^B - t(1-y_1^A) & \text{（选}B\text{择协同创新网络系统）} \end{cases}$$

第二阶段，具有不同经验的交易个体的偏好仍然具有独立性，因此在 [0，1] 上重新选择位置，但这次的选择受前期人群规模 n_1^j（$j=A$，B）的制约。对于第一阶段选择 A 系统的对象来讲，第二阶段将重新选择，有可能继续留在 A 系统或离开转向 B 系统。

$$U_{2x}^A = \begin{cases} r + an_2^A - p_2^A - tx_2^A & \text{（继}A\text{续留在协同创新网络系统）} \\ r + an_2^B - p_2^B - t(1-x_2^A) & \text{（转}B\text{向选择协同创新网络系统）} \end{cases} \quad (7-2)$$

$$U_{2y}^A = \begin{cases} an_2^A - ty_2^A & \text{（继}A\text{续留在协同创新网络系统）} \\ an_2^B - t(1-y_2^A) & \text{（转}B\text{向选择协同创新网络系统）} \end{cases}$$

同理，对于第一阶段选择 B 系统的对象来讲，第二阶段有可能选择离开转向 A 系统或继续留在 B 系统。

② 知识交易主体效应函数。基于上述假设，知识交易主体主要通过知识交易来获取收益，可以用系统中的"收费"类对象的网络数量和收费价格来表示。

则交易主体在 A、B 系统中第一阶段的知识交易利润函数为

$$\Pi_1^j = \lambda p_1^j n_1^j \quad (j=A, B) \quad (7-3)$$

第二阶段的知识交易利润函数为：

$$\begin{cases} \Pi_2^A = \lambda n_1^A x_2^A p_2^A + \lambda n_1^B x_2^B p_2^A \\ \Pi_2^B = \lambda n_1^A (1-x_2^A) p_2^B + \lambda n_1^B (1-x_2^B) p_2^B \end{cases} \quad (7-4)$$

对于交易主体而言，第一阶段总利润为第二阶段期望利润折现值与第一阶段利润之和，即：

$$\Pi_j = \Pi_1^j + \Pi_2^j \quad (j=A, B) \quad (7-5)$$

7.4.1.2 均衡分析

在模型中，收费价格 p_i^j（$i=1$，2；$j=A$，B）属于个体可以控制的内生变量，而人群规模 n_i^j（$i=1$，2；$j=A$，B）则属于外生变量，这两个变量相互作用，影响系统对象的选择和决策，并最终影响交易主体的利润。交易主体之间、交易对象之间相互博弈，目的是使自己的收益最大化，由于本书中涉及的是二阶段竞争博弈，因此，采用逆向归纳法先分析第二阶段的对象效应和主体利润的均衡解和变量值，然后再向前递推到第一阶段，分析各变量在整体均衡中的地位和影响。

① 第二阶段均衡。第一阶段加入两个网络协同创新系统获取知识的个体，在第二阶段在 [0, 1] 区间上重新均匀分布，位置偏好独立于第一阶段。此阶段交易主体会通过价格战略实现利润最大化，而系统用户则根据价格和网络综合效应最大化原则来决定继续留在本系统还是转向另外一个系统。

对于 A 系统"收费"类对象来讲，选择继续留在 A 系统和选择转向 B 系统的无差异边际成员位置 x_2^A 满足条件：

$$r + an_2^A - p_{2o}^A - tx_2^A = r + an_2^B - p_{2o}^B - t(1 - x_2^A) \tag{7-6}$$

类似，B 平台"收费"类对象选择继续留在 B 系统和选择转向 A 系统的无差异边际成员位置满足条件：

$$r + an_2^B - p_{2o}^B - t(1 - x_2^B) = r + an_2^A - p_{2o}^A - t(x_2^B) \tag{7-7}$$

同理，"免费"类系统对象，第二阶段选择留在 A 系统和转向 B 系统的无差异边际成员位置 y_2^A 满足条件：

$$\begin{cases} an_2^A - ty_2^A = an_2^B - t(1 - y_2^A) \\ an_2^A - ty_2^B = an_2^B - t(1 - y_2^B) \end{cases} \tag{7-8}$$

交易主体在两个系统中交易知识的利润函数为

$$\begin{cases} \Pi_2^A = \lambda n_1^A x_2^A p_{2o}^A + \lambda n_1^B x_2^B p_{2o}^A \\ \Pi_2^B = \lambda n_1^A (1 - x_2^A) p_{2o}^B + \lambda n_1^B (1 - x_2^B) p_{2o}^B \end{cases} \tag{7-9}$$

由于知识交易主体要争取利润最大化，求解式（7-6）~式（7-9），并利用 mathematic 软件求解利润对价格的一阶最优化，可计算出 A、B 系统第二阶段的最优定价 p_j。

$$p_{2o}^j = \frac{t(t-a)}{t + a(\lambda - 1)} \quad (j=A, B) \tag{7-10}$$

由式（7-10）可得，系统第一阶段的市场规模并不影响第二阶段的价格竞争策略，彼此相互独立。

② 第一阶段均衡。第一阶段和第二阶段的定价策略相互独立，因此，第一阶段，个体决定知识交易时，仅仅会考虑加入系统后的本期效应。第一阶段，"收费"类对象成员无差异边际成员位置 x_1^A 满足：

$$r + an_1^A - p_{1o}^A - tx_1^A = r + an_1^B - p_{1o}^B - t(1 - x_1^A) \tag{7-11}$$

"免费"类对象成员无差异边际成员位置 y_1^A 满足：

$$an_1^A - ty_1^A = an_1^B - t(1-y_1^A) \qquad (7\text{-}12)$$

第一阶段利润为 $\Pi_1^j = \lambda p_1^j n_1^j$，据帅旭等（2003）[196]的处理办法，不同类别的交易对象，其综合效应函数分别为第一阶段的效应和第二阶段的选择效应的折现值之和，即：$U_1 + \delta U_2$，设知识交易主体第二阶段的利润折现系数为1，则交易主体的总利润为

$$\Pi^{jo} = \Pi_1^j + \Pi_2^j \qquad (7\text{-}13)$$

第一阶段 A、B 系统的价格和两阶段利润总和。

$$\begin{cases} p_{1o}^j = \dfrac{t-a}{\lambda} \\ \Pi^{jo} = \dfrac{(t-a)(a(-1+\lambda)+t(1+\lambda))}{2(t+a(-1+\lambda))} \end{cases} \quad (j=A, B) \qquad (7\text{-}14)$$

由于两阶段定价不能为负，因此 $t \geqslant a$。由式（7-10）、式（7-14）可以看出：收费类人群比例对指导性知识交易定价有直接影响，当收费类人群比例较低时，可以指导制定稍高的交易价格；如果收费类人群比例较高时，需要指导制定较低的交易价格。

对这一结果可能的解释是：当收费类人群比例较低时，此时的知识交易为精英间市场交易，参与知识交易的成员往往交易欲望强烈，且多看重系统的知识供给能力，包括网络外部性能力，因此，可以制定较高的价格。相反，如果系统收费类人群比例较高时，大众层面的知识交易需求呈现爆发式增加，可以通过降低价格来获取更大的市场，从而赚取更多利润。

7.4.2 知识共享和知识贡献治理

相比知识交易，知识共享和知识贡献在客户协同产品创新中的应用更普及。相关研究证明：情感、自我效能感，个体感知等因素可以影响协同客户的知识共享意愿和知识贡献意愿[35, 36, 174]。因此，企业在治理知识共享和知识贡献行为时，应充分考虑协调客户的内在情感和个体认知的重要性，从以下几方面着手治理。

7.4.2.1 情感治理机制

情感在客户协同创新的研究中处于被忽视的状态，但是这并不意味着情感治理对客户协同产品创新可有可无。大多数研究习惯于强调个体认知，而情感在协同创新中的作用不同于所谓的"认知"成分。近年来，学者们开始意识到情感在

个体行为中的重要性，相关研究不但解释了情感对于个体行为的重要性，也为本书观察客户协同产品创新行为提供了思路。

通过第 4~6 章的论述，我们意识到：客户协同产品创新开展中，客户在浏览协同产品信息，或者在与其他客户沟通的过程中会出现诸如愉悦、兴奋等正面情感，也会出现无趣、沮丧等负面情感。正面情感的出现有利于客户分享知识，负面情感的出现则不利于客户分享知识。因此，发起协同创新的企业应实时对客户情感加以引导和调控，使其朝有利于知识分享的方向发展。侯瑞[197]的研究指出，情感治理可以从情感支配和治理情感两方面入手（图 7-2）。

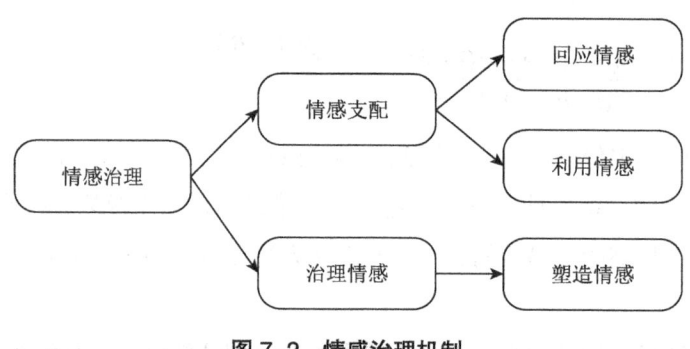

图 7-2　情感治理机制

首先，从情感支配角度分析。情感支配将情感作为治理的手段，通过回应或利用协同客户情感来达到提高知识分享意愿这一目的。在协同产品创新初期，客户对协同产品的熟悉程度不高，协同的过程可能会伴随无趣、苦恼等负面情感，此时，协同开展企业应通过灵活多样的趣味性的协同形式，或者开展名人讲座、问题回答论坛等多种模式，回应或调节客户的这种负面情感。相反，如果协同客户已经对协同产品或者企业的协同模式熟悉或了解，协同过程中因为产品信息引发的负面情感会相应减少，有趣、兴奋等正面情感会增加，但和协同活动本身有关的负面情绪会时常出现，比如协同矛盾、协同失败等。此时，协同发起企业一方面要积极利用客户和产品有关的正情感，在产品广度和深度上做文章，同时要协助疏导或解决协同过程相关的负情感，必要时设置创新客服人员。

其次，从治理情感角度分析，治理情感指通过塑造协同客户的正面情感从而提高其知识分享意愿。本书访谈和实证研究阶段均指出，主体间网络关系的加深、主体—媒介关系的加深，都可以塑造协同客户的正面情感。因此，企业在协同创新的具体实施过程中，一方面要构建完善的协同信息发布和查询通道，另一方面也要支持、鼓励和引导协同客户参与客户间网络关系的生成活动。企业通过积极的协同关系治理可以塑造客户正面情感，从而提高其知识分享意愿。

7.4.2.2 认知治理机制

个体认知包括个体在知识分享过程中的自我效能感、期望收益和个体感知等要素。个体认知在知识分享意愿中的影响作用受到了理论和社会层面的认可。如果加以合理治理，可以起到很好的推动效应。

个体认知的治理问题较为复杂，相关研究指出，个体认知不仅会受到协同关系的影响，还会受到协同过程中诸多要素的影响，动态发生变化。下面从协同关系和协同过程两个层面加以分析。

首先，个体认知会受到协同关系的影响，本书的研究过程表明，协同客户的协同关系主要包括协同客户之间形成的主体间网络关系和主体信息查询时同各类公共媒介或企业社交媒介形成的主体—媒介关系。且这两类协同关系都被验证能显著影响协同客户的个体认知。因此，协同发起企业要重视协同关系的治理，通过优化各类协同关系推动协同客户的个体认知。

其次，从知识分享过程角度分析，由于协同产品创新的客户分布在不同地域，且参与系统并非基于正式契约，而是基于互惠互利基础上的关系契约。因此，协同客户的治理可以从关系契约角度治理。关系契约看重成员间的信任，强调信任基础上的关系可以有效避免成员的机会主义行为。另外，自我效能感、个体感知、个体声誉等过程治理也是关系契约治理的重点治理内容。因此，要真正提高协同客户的个体认知，一方面要设置合理的信任、效能体现、声誉等机制。例如，企业可以通过建立公开透明的协同行为业绩，协同评价及个体口碑、信用度等交互式评价指标，这些指标既能激发协同个体的自我效能感，又能维护个体声誉，还能供其他协同客户协同时参考。另一方面也可以通过过程控制，及时了解协同客户间信任危机，及时加以补救。

7.5 本章小结

首先，在前面探索性案例和实证分析的基础上，本章通过治理理论和联盟治理理论，对客户协同创新系统的知识分享治理进行界定，并提出了具体的治理机制。研究结果表明：

（1）协同关系治理：静态角度分析，既要重视协同人群之间网络关系的引导和鼓励，也要重视协同产品或信息的网络化传播。

（2）知识分享过程治理。按知识分享的外在行为方式分类治理。对于知识交易，期望收益是关键影响因素，鼓励协同客户开展知识交易时应根据协同人群规模灵活调控平台知识交易价格。对于知识共享和知识贡献，知识分享情感和个体认知是关键影响要素。情感治理上，既要考虑情感支配，疏导负面情感，也要重视治理情感，激发或塑造正面情感。个体认知治理上，一方面要重视协同的驱动效应，另一方面也要合理设置信任、效能、声誉等协同机制。

第8章 网络环境下客户协同产品创新知识分享的实践应用

本书前几章对网络环境下的客户协同产品创新知识分享机理进行了深入研究，在此基础上，本章对网络环境下客户协同产品创新知识分享的企业实践状况和具体的实践工具、过程进行了介绍和剖析，引导企业正确、合理地开展客户协同产品创新活动。

8.1 企业实践

8.1.1 海尔式客户协同产品创新范式

现在，绝大多数企业的创新模式仍然是内部研发，每年会投入了大量人力、财力和物力用于创新，创新成果也主要仅供企业自己使用。但是，在互联网冲击下，用户已经成为市场的决策者和主导者，创新的推进开始取决于对市场和客户需求的精准把握和引导，而不是来自企业内部的跟风式创新。企业原有的创新模式无法适应新的环境，要创新，就必须洞悉用户需求，进而解决用户需求。

"互联网+"的时代，海尔的创新模式，引起了企业和理论界的关注，大家普遍认为，海尔现阶段的成功，不仅在于商业模式的创新——人单合一双赢模式，即创造用户，创造顾客，还在于其独特的客户参与产品创新的协同创新模式。海尔公司始终认为顾客是新的创新工具和手段，企业产品的创新应该在广泛的用户参与的基础上展开。实际应用中，海尔公司构建了多样化的参与媒介或协同工具，把用户这一起决定性作用的因素加入协同创新的过程中，实现高效率、高技术含量的协同创新，使创新能够直达用户痛点，取得了不错的协同效果。例如，冰箱创新中，在与用户的交互过程中，海尔发现用户对冰箱储存果蔬时易脱水、保鲜期短有很大的"抱怨"，随后海尔将"让菠菜保鲜7天"的技术需求发到了HOPE平台上公开寻源，随后，这一诉求快速得到国内外多家资源的响应，经过筛选最终锁定2家国外知名资源进行合作，经历了数百次的仿真模拟和实验试验，最终发布全球唯一的"精控干湿分储技术"，终结了冰箱冷藏室保湿不保干的百年难题。

8.1.1.1 网站基础上的知识分享

海尔公司早期的客户协同产品创新的开展主要基于特定的网站。2013年10月海尔集团开发了开放创新平台（Haier open partnership ecosystem，HOPE）。HOPE的理念为：世界就是海尔的研发中心，其本质是全球用户、创客和创新资源的零距离交互，持续创新，实现各方价值最大化。另外，自海尔公司实施网络化战略以来，海尔内部组织结构发生了大的变化，现有的海尔成员主要有三种人：平台主、小微主和创客。原来集团部门领导都变成平台主，集团与小微主不再是领导和被领导的关系，平台主不再是领导，其作用是为小微主提供创新创业最合适的土壤、水分、养料，判别其成功与否的标准是看平台上创业公司的多少和成长情况。在这种组织结构下，海尔各战略部门的研发机构也纷纷建立自己的客户协同创新平台。另外，海尔公司组建或参与了近70多个成熟的智慧社区，每天有超出100万的活跃粉丝参与了海尔新产品的开发和互动，平均每日产生的有效创意多达200项。

以HOPE平台为例，分析海尔公司的客户协同和知识分享过程。HOPE是海尔致力于打造全球最大的创新平台和充满创新氛围的交互社区，以此来为所有的"创客"和技术型的创业者们提供尽可能多的支撑，包括技术竞争和情报服务。为了迎合各类用户的差异化需求，HOPE平台设有"微洞察""新发现""创新挑战""创新合作人""创新挑战"等多个模块。在创新挑战模块中（如图8.1所示），用户创建用户名后，就可以对现有产品或服务提出意见，并就自己的想法和创意或思想提供大纲或描述，还可以就其他用户的建议或想法进行评论，提出自己的思想和建议。HOPE平台会设置专门的协作创新人员和公司内部技术人员对想法和创意进行审核，审核的标准通常是产品或服务的客户关注程度、项目自身情况和公司内部产品或创意执行程度、执行技术可行性等因素。客户提交的意见、想法和创意会在特定时间内被确认，相关内容会被授予"交互中""已匹配"等标记。

第8章 网络环境下客户协同产品创新知识分享的实践应用

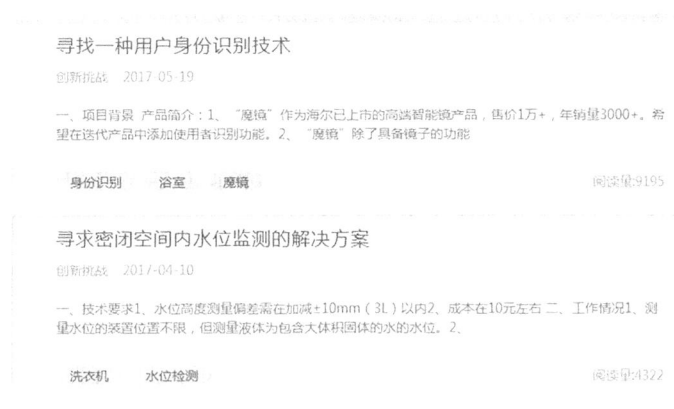

图 8-1 HOPE 平台创新挑战模块项目

而在创新合伙人模块中，海尔公司通过招募科技媒体人、大学/研究机构的科研人员、技术型创业者、技术转移工作者（专利、技术对接）、各技术领域有经验的工程师等方式，聚集对创新技术抱有兴趣，并有贡献价值的专业群体。在具体的协同过程中，各创新合作人员根据自身的兴趣和爱好参与各个项目，并根据技术或信息的贡献价值获得一定的现金收益或其他收益。在图 8.2 所示的两个项目中，每个项目的信息提供者都会根据信息贡献价值给予一定的经济或其他收益补偿。

图 8-2 HOPE 平台创新合伙人模块项目

8.1.1.2 社交媒体基础上的客户资源整合

随着移动通信技术的发展，各类社交媒体对于客户协同的方便性和重要性引起了企业的重视。相比早期的网站模式，社交媒体更便于开展客户集中讨论和分类管理，其语音、视频功能对于知识的充分传播和整合起到了至关重要的作用。

海尔公司充分利用各类社交媒体来进行客户协同和知识分享。

　　作为民族品牌的骄傲和标志，海尔公司在微博社交媒体建设和运营上下足了功夫。海尔的微博运营在很多人看来是颠覆常规的，但正是这种颠覆常规的运营让海尔品牌理念更加深入人心。首先，海尔微博根据互联网客户年轻化、个性化的特征来制定内容，极少发布企业信息，产品广告更是少之又少，微博用户的一大乐趣是调戏和调侃，建立了情感层面的价值交互；其次，海尔微博运营中，一方面为了契合网民的娱乐心理，关注流行文化，采用了网络化语言，常常以"段子手"的方式吸引网民，另一方面通过对自我形象的诙谐和调侃，拉近和粉丝之间的心理距离；另外，对任何一个官微而言，覆盖面和受众群体都是有限的，就算拥有千万粉丝，采用信息包围的方式激活受众，也很难保证互动的转化率。海尔意识到微博的这一弱点，微博营销中充分利用和扩大粉丝的抱团和传播效应，例如，海尔官微的几次大事件就是蓝 V 抱团营销的结果。海尔还尤其重视经典 IP 在网络客户中的传播，海尔通过"海尔兄弟"新形象征集大赛等方式引爆网络客户，各种关于"海尔兄弟"的表情包、逗趣段子、动漫作品使得"海尔兄弟"可爱、呆萌的网红形象深入人心。

图 8-3　海尔公司微信公众号

　　相比微博社交媒体的建设和运营，海尔公司应用微信、QQ 等社交媒体整合客户资源，聚合外部知识的效果不容小觑。就微信公众号来讲，对于海尔这样的企业，单一公众号很难充分满足旗下众多产品的推广和客户资源聚合，因此海尔各个战略部门根据相应的战略产品设置了多个微信平台。海尔目前一共有 286 个微信公众号，其中活跃的有160个，如果在微信上搜索关键词"海尔"，各种"海尔冰箱""海尔智能厨房""海尔冷柜"全都跑了出来（见图8-3）。此外，为了更细致地服务客户，也便于客户之间产生思想的碰撞和新创意、新知识的产生，海尔公司有用户规模庞大的QQ群和微信群。正是运用这些功能齐全、协作方式多样的各类社交媒体将外部客户资源和客户知识融入企业的产品创新，海尔公司攻克了冰箱领域诸多世界级难题，成功地创造了更多领先级产品。

8.1.2 "互联网+顾客"开启华为手机创新新模式

八片花瓣，自内而外拓开的绽放形态，饱满且极富侵略性的形状，火红色的填充蕴含了蓬勃的朝气和经久不息的生命力。有人称它为"非"的变体，其本意是聚焦，稳健，和谐与创新，它是华为的logo。它的出现和改变暗含了华为近三十年的发展与变革。

1987年华为在深圳创立，最开始的华为公司是一家PBX（交换机）公司在深圳的销售代理。从1992年推出万门交换机占据农村主要市场，到1997年研发出无线解决方案，华为的销售额已超过15亿元人民币，至此基本完成创业阶段；从1998年开始，华为开始进军城市市场，次年在印度设立研究中心，开拓海外市场。2005年华为与沃达丰公司签署了《全球框架协议》合同，成为BT21世纪首选的网络供应商，同时华为海外合同的销售额首次超越了国内合同的销售额。2009年，华为成为全球第一个LTE/EPC的商用网络，华为改革基本完成；从2011年到现在，华为收购了华赛公司，销售了2000万部智能手机，成立"2012实验室"，获得"LET最佳网络设备商"，发布了业界首个光传送系统，推出了AscendP1、AscendD1四核、荣耀等品牌，以3898件企业专利申请连续两年位居榜首，智能手机销售额达到1.39亿台，连续五年稳步增长，服务全球三分之一的人口，同时在金融、业务等各个领域都达到了非凡成就。

8.1.2.1 华为的"顾客"思维

经历了多次转型之后，华为的基本战略也一再调整，但是以"顾客为中心"的产品设计和创新理念多年来始终未变。

首先，在深化管理体制改革上，华为构建了以客户为中心的营销战略。管理中落实负责制，从对人负责改变到对事负责，分化权利分配，以分权制代替集权制；在组织方面，把直线组织结构转化为矩阵组织结构，由此既提升了客户满意度，又降低了其运行风险；对员工管理方面实行股权制度，从全员持股转型为发行内部虚拟股，实质上是对员工施行分红激励制度，以配股策略激励员工，使企业在危机时刻获得更好的经济效益。

其次，在产品设计和开发上，华为的初心一直不变，恪守顾客是上帝原则，从早期线下交流模式到如今"互联网＋顾客"新模式，都推崇服务至上。华为的产品不一定性能最好，但一定实用；技术虽不一定最先进，但定能满足客户需求；在价格和成本上，华为有天然的成本优势，初期采用大批量、低成本的方式削减与跨国公司之间的实力差距，并实现产品利润。而且，在为客户降低成本的同时，即使是在小县城，客户有需求，华为就会立马上门服务，对客户负责，赢得了客户信赖。

8.1.2.2 华为的"互联网"转型

华为的互联网模式转型过程可谓稳如泰山。2010年起是智能手机的一个重要发展期，层出不穷的创新革命令智能手机的高度达到饱和，接下来的几年，苹果、三星、华为等龙头企业发展稳定，然而这份平衡却被一个新兴企业打破，小米横空出世，带着独有的互联网思维，以高性价比为卖点形成自己的用户群，依靠增值服务保证自己的利益。从这个时候开始，"互联网＋"的模式在智能手机产业遍地开花。

作为行业领军的华为却迟迟没有动静，外界的质疑声日上尘嚣，有关华为故步自封的论调层出不穷，而在大小企业疯狂涌入移动互联网模式的争端时，华为从自身出发，认真分析利弊，确定了自己反其道行之的"＋互联网"新型模式。即：从互联网区域的尝试开始，渐渐开始互联网区域的转型，进而确立互联网模式，最后加以完善互联网模式。

华为在互联网区域的尝试以互联网业务部开始，SNS社区爱米网、本地生活服务爱米live、移动搜索等的实施表明了华为转型的决心，然而这种模式并非华为的长处，这样的摸索终究未起波澜。华为还开发了APP，希望这样的软件应用能在互联网战争中分一杯羹。

在互联网区域的转型上，华为推出"云端化"一体战略，即云、网络传输和终端的构建。华为重新划分了运营商BG、企业业务BG和消费者BG，制定了华为要在云、网络传输和终端三方面突破的"云管端"一体化战略，其中消费者BG紧贴互联网的脉搏，是华为在互联网区域的转型实验。

接下来，华为面对互联网浪潮选择了"聚焦"，并正式开始确立互联网模式。华为荣耀品牌的产生证明华为的一系列尝试是成功的，它追求以更快变化来适应移动互联网时代，在互联网竞争中以开放平等的方式与大众互动。从互联网创新到回归传统是华为在时代浪潮下所做的调整，荣耀终端业务开始与线下渠道融合。

至此，华为公司完成了互联网转型的全部过程。华为公司也由一家传统的手机制造企业蜕变成迎合时代发展的"互联网＋制造"企业。

8.1.2.3 "互联网＋顾客"是华为新的创新工具和手段

互联网时代，华为公司面对的首要任务就是如何在互联网平台与用户沟通交流，如何将华为特有的售后服务以网络终端为依托得以实现。针对这一系列问题，华为公司通过自建和利用现有的互联网平台实现了从顾客角度出发，与客户面对面交流，一对一解决问题，为消费者带来了更好的服务体验，同时，也将消费者引入华为的产品创新体系。

（1）自主创建APP。华为官方倾力打造了自己的服务APP软件，提供了自动查询用户手册、使用技巧、常用问题、服务中心信息、服务政策等顾客需求服务，顾客购机时遇到的各种问题都可以直接询问客服，在有限个工作日内均会收到满意的回复。

此外，APP的设立还成为用户发表观点并与官方交流互动的平台。顾客可以在专区里发表帖子，表明自己使用手机的种种感觉，也可以就自己对手机外表或功能的改进提出建议，华为也会对表达观点的用户进行奖励，这样一来，作为华为产品的直接受众，顾客可以有一个发声平台将自己对华为的体验经历发表出来，也可以从自身角度出发，为华为未来发展提出宝贵的建设性意见，并对华为现有问题提出批评指正。而从华为内部来讲，只在此山中，云深不知处，或许正面临这样那样的问题。广泛接纳大众意见，聆听大众的声音，接受顾客新的思维模式和创新方式，才能做出更好的产品。

（2）全员参与"互联网＋顾客"工程。华为鼓励领导层和员工利用互联网工具和顾客交流。华为公式消费者业务CEO余承东是个微博控，粉丝超过70万，即使加班午夜回家，也要在夜里1点发发微博。过去，对于消费者的要求和媒体的采访要求，华为的态度常常是拒绝，甚至是"躲"，但现在这一态度完全发生了改变，尤其是最近几年，一些华为高管纷纷在微博上亮相，有时还会主动约见媒体。华为公司还发动员工开微博，多宣传，目的都一样，就是学习如何更直接地面对市场，"把自己真实亲切的一面展现给消费者"，同时，把消费者的经验和知识请回家，实现企业产品的创新。

8.1.3 小米式创新——基于用户的产品创新模式

北京小米科技有限责任公司成立于2010年4月，是一家专注于智能硬件和电子产品研发的移动互联网公司。"为发烧而生"是小米的产品概念。小米公司首创了用互联网开发模式，即发烧友参与开发或改进手机功能和操作系统。从2014年成立至今，在短短的四年内，小米公司依靠着miui+社会化传播+网络渠道的模式，迅速成了一家市值超过100亿美元的互联网企业。深入研究小米公司的成功之处，对于当下创业者有巨大的借鉴意义。

8.1.3.1 为"发烧友而生"的产品概念

"为发烧友而生"是小米的产品概念。小米公司首创了发烧友参与开发改进的模式。小米的LOGO是一个"mi"形，倒过来是一个心字，少一个点，意味着小米要让我们的用户省一点心。

2011年8月16日，小米的第一款手机小米1正式发布，这款搭载Snapdragon MSM8260芯片，MIUIV4系统的手机，凭借其较高的性价比在由苹果、华为、三星占领的智能手机市场抢占了一席之地。小米2的发布更是将发烧友的尖叫推向了高潮。小米手机的高价低配成为一种常态，饥饿营销的模式让其产品供不应求。小米手机从1系列到3系列的销售分别为790万台、1740万台和1050万台，红米手机的销量更是达到了1800万台。小米手机始终坚定走"高配置，低价位"的路线，使其产品在同时期都是业内的最高性价比。另外，传统手机在产品发布后，发现硬件bug后，无法立即调整，只能依赖新版机型迭代，苹果和谷歌系统半年进行一次系统更新发布，但在互联网发展迅猛的今天，这个速度往往无法满足用户的需求。而小米MIUI系统的更新速度首次实现了周周更新，问题的反馈解决速度远超安卓系统本身。

在商业和营销模式中，小米只通过电子商务平台进行销售，极大程度地省去了中间的成本价格。采用社群营销方式，把粉丝围起来，通过这些粉丝去传播小米品牌。并通过举办一系列活动去反馈粉丝，从而加强品牌的影响力。

8.1.3.2 互联网基础上的客户协同

为了促使新产品保持竞争活力,小米采取了开放式创新的模式。通过领先用户的体验与反馈,实现与用户的无缝连接,提高了产品研发的效率和成功率。而在用户生态中,通过高黏度用户对低黏度用户的影响和带动,共同传播小米的产品和品牌价值,实现了用户生态的良性发展。

在互联网时代,新媒体的采用对小米的产品创新起着至关重要的作用。小米通过互联网,以论坛来培养忠粉,通过微博的传播速度来招纳新用户,并通过微信为这些用户服务。小米通过社区论坛将信息聚集在一起,经由这些节点传播,从而使信息最大化地扩散。另外小米还通过QQ、微信、微博等信息交流平台,使得信息能够迅速传播。在现实中,小米凭借剧场化的发布会、米粉节及"小米之家"来渲染气氛,通过其场景与感知的体验来打动在场的人参与产品互动和知识分享。

(1)虚拟社区——企业用户交流地。小米高层管理人员每天都会花费一定的时间在社区论坛或者社交媒体中直接与用户沟通。随时接受他们的建议和处理他们的意见,与用户共同探讨产品的改进方式,从而确保自身产品始终符合客户的需求。避免因闭门造车带来的方向性风险,这也是对时间最大的节约。

(2)MIUI论坛——发烧友集聚地。MIUI论坛的建立为MIUI的普通用户和开发者提供了一个交流平台。论坛喊出了"人人都是产品经理"的口号,使得注册用户参与度极高,针对产品的讨论也十分激烈。MIUI论坛中的领先用户也可以直接参与到公司产品的研发和改进中去。小米公司从领先用户处获取的产品的需求信息、产品服务原型的概念,加速了新产品研发的成功率。

8.2 实践工具和平台

随着科技和经济的飞速发展,新兴社交媒体不断受到人们的关注,微信类社交媒体在人们的生活与工作中的作用显得愈发重要。相对传统的旧媒体而言,新兴社交媒体打破了信息传播方式原有的局限,融合了多种信息传播形态,丰富了人们的社交形式。在互联网时代走向移动互联网时代的进程中,QQ、微信、微博等社交媒体的兴起为人们的生活与企业的发展带来了巨大的改变。企业基于此类社交媒体进行客户交流与协同创新已成为工作常态。

8.2.1 QQ 即时通信工具基础上的知识分享

8.2.1.1 QQ 软件开启网络生活

1996 年以色列人瓦迪、维斯格、高德芬格开发出一款人们可以通过互联网交流的软件 ICQ（即"I Seek You 我找你"），这款软件可以在 Internet 上聊天、发送消息文件等。6 个月后，ICQ 成为拥有最多用户的即时通信软件。1998 年，专注于寻呼软件开发的马化腾和同学张志东合资注册了深圳腾讯计算机系统有限公司，1999 年腾讯自主开发出一款基于 Internet 的即时通信网络工具——OICQ（OpenICQ，即 QQ 前身）。OICQ 是腾讯模仿 ICQ 开发的一款国际聊天工具，最初以其新颖的设计、强大的应用获得网民的青睐，2000 年时 OICQ 基本占领了中国即时通信的市场，改称 QQ。

QQ 的创立开启了中国用户的互联网生活。自 1999 年创立以来，QQ 用户人数不断上涨。顺应市场变化趋势，腾讯先后推出简体繁体中文版、泰文版、英文版等多种版本，QQ 功能也不断增加，比如：QQ 空间、多人聊天、QQ 游戏、QQ 音乐、QQ 阅读、QQ 邮箱、QQ 宠物、QQ 秀等。

QQ 构建了一个网络空间共同体，不仅为年轻人交流和分享知识提供了一个强大的平台，而且为企业与用户之间搭建了一座桥梁，促进了彼此的协作和交流。

8.2.1.2 基于 QQ 的协同创新和知识分享过程

QQ 基础上的协同创新和知识分享过程形式多样，方式灵活，总体上来看，包括以下几种：

（1）QQ 用户可以创建个性空间，在空间中分享自己的知识和生活感悟，用户好友可以在下方评论交流。如大学中的表白墙，其实是某个用户创建的 QQ 号，它的空间里会有各种寻物提问的说说，还可以发一些吐槽感悟等，有困难疑问的人都可以在这里得到帮助。

（2）群主创建 QQ 群后，可以邀请朋友或有共同爱好的人到一个群里聊天、分享知识，QQ 群融合了多种交流方式，包括电话视频、发送文件、分享音乐、远程协助、进行投票收款和一起玩游戏等。QQ 群用户众多而且交流方式多、操作门槛低，已经成为网络交流和知识分享的良好平台。QQ 群分为两种，一种是以同学同事家人朋友等关系建立起来的,另一种 QQ 群的用户是因为拥有某种共同的兴趣爱好而集结在一起,每个成员都可以发表自己的意见,相互交流,这是一个交换的过程。交换必然讲究公平互惠,如果群里只有一小部分人相互交流分享知识,而大部分人仅仅"潜水""观望",将别人分享的知识直接据为己有,而不愿意共享自己的知识的话,这一小部分人必然会感到不公平,那么这个群必然不久就会散伙。因此,QQ 群的管理非常重要,群主和管理员不仅要维持群秩序使成员和睦相处、交流自由不受干扰,还要调动群气氛,尽可能使每一个成员参与到讨论中,还可以拉资深专家进群解决群里的疑难,使群交流水平质量提高。群主和管理员要起带头作用,以个人能力吸引成员,经常性地抛出一些有深度可以引起大家讨论的问题来活跃气氛,使成员开展激烈的讨论。为了保证群质量,还可以采取一些必要措施,将群中的潜水者"请"出群或给予惩罚,对积极活跃者给予奖励,每隔一段时间对各成员发言频率质量互动进行评估张贴,来提高群成员的活跃性。

(3) QQ 用户还可以通过加入兴趣部落进行知识分享和交流,在你的兴趣部落号中,你可以分享自己的兴趣爱好及一些作品、生活感悟等,发有水平或吸引眼球的帖来让更多网友关注自己,网友可以评论点赞与你互动来进行知识分享,你还可以找到志同道合之人一起就感兴趣的话题展开深层次的讨论或充实、更新自有知识。

(4) 企业可以通过 QQ 公众号向用户传递信息。研究显示:关注 QQ 公众号 60% 以上用户是 00 后,而且互动率更高,是微信公众号的 10 倍。QQ 公众号给企业和组织提供更强大的业务能力和用户管理能力。媒体和企业通过公众号吸引粉丝,为消费者服务,提升品牌形象。而且 QQ 公众号的人工智能吸引了很多用户,用户因为好奇心在这停留,同时也会就一些问题展开讨论,贡献自己的智慧。

8.4.2 微信的颠覆性创新

8.4.2.1 微信产品特性

信息时代的到来推动了社会发展的步伐,加快了人们的生活节奏。时间对人们来说更显得弥足珍贵,碎片化时间的价值观念更加深入人心,而移动互联网的出现为碎片时间的有效利用提供了契机。移动互联网时代,移动设备备受人们青睐。移动设备上众多的社交媒体如雨后春笋般节节拔起。2011年1月21日腾讯公司推出了微信即时通信产品,可以免费发送文字、图片、视频、语音等信息。

微信的出现似乎是为了移动互联而生,从推出开始就拥有别具一格的免费语音功能,使得人们更加倾向于使用微信来实现彼此间的沟通交流,从而减少了人们在通话与短信方面的使用,打破了三大运营商在通信方面的垄断,甚至可以说是重新定义了对讲机。

相对QQ冗杂的社交关系而言,微信的社交关系更加清晰明了,用户的个人隐私更加安全。微信的交友圈分为ingroup和outgroup,也就是私人圈与公共圈。微信私人圈由微信好友、微信群和朋友圈组成。微信的通信关系链基于手机通讯录里真实而庞大的关系链与互联网的关系链相融合,这就决定了微信好友关系的真实性与丰富性。在朋友圈的使用中,用户只能查看直接联系人发布的内容而无法查看无关联系人的评论或动态,这就为用户创造了一个较为安全的信息或知识分享空间。另外,微信圈的通信形式类似于一对一的模式,而不是像广播一样的分享模式,这种模式能够更加有效地保护用户的个人隐私。微信公共圈由订阅号、公众号、摇一摇等功能组成,用户可以通过订阅号订阅自己感兴趣的内容,或者关注自己喜欢的公众号接受文章的推送。微信独特的摇一摇功能打破了时间与空间的限制,用户只要随手摇一摇手机就能知道,这一刻,在世界的某个地方,存在着这样一个和自己做着同一件事的人,增加了认识陌生网络用户的可能途径。

与QQ相比,微信是移动互联时代的通信工具。QQ从一开始就是互联网的产物,用户一般都是抽出特定的时间在线聊天,但微信没有"在线"的概念,能将碎片化时间有效整合。我们无法保证电脑永远不关机,但我们几乎可以做到手机随身携带,全天开机,因此微信的出现保证了消息传递的及时性。

8.4.2.2 基于微信的协同创新和知识分享过程

微信作为当下国内用户使用率较高的即时通信社交软件,其商业价值也在信息技术时代的迅速发展中不断显现出来。一方面,企业可以通过微信平台实现与内部员工和外部用户的沟通交流;另一方面,企业还可以利用微信搭建一个集中群体智慧的公众平台,使更多用户能够分享个人拥有的知识信息,发表自己的意见看法,提出好的建议,参与到企业的产品创新研发中。

微信在企业内部沟通交流中的作用主要体现在微信群的建立。企业可在微信平台中建立各类群，例如，在员工群中，员工每日的工作完成情况可通过图片及视频形式真实直观地向上反映，同时，上层管理者可通过员工反映的工作情况及时发布最新任务的安排了解企业研发和生产状况、员工工作状况和员工需求，另一方面，员工还可以在群里展开讨论，充分汇集思想，有利于知识的更新和企业产品创新；在管理层专属群中，公司将各大重要决策在群中发布，各管理层领导可将有争议的问题在群中以文字，语音，视频的形式进行讨论从而择出最优决策或优化项目方案。各管理层领导也可在群中分享一些好的管理方法与经验，相互学习，可以提高公司整体的管理水平，使公司得以更好地运作。

在企业进行产品创新的过程中需要汲取外部先进知识或前端技术信息时，可以通过建立外部微信群来实现。产品研发相关人员可以将对此项目感兴趣的用户及专业人员加入群中并展开相关问题讨论和进行信息和知识分享。外部人员可将自己具有建设性的意见或建议提出以供企业参考。另外，产品研发人员也可通过订阅与所做项目相关的公众号来了解信息，或通过微信朋友圈中所发的内容寻找相关兴趣人进行评论交流。

社交媒体相关功能的应用有效地推动了协同创新与知识交流的进程，加强了企业与内部及外部的沟通交流，实现了信息交互与知识共享。在移动互联迅速发展的大背景下，通过各类社交媒体的应用企业会发展得更好。

8.4.3 微博的传播优势及客户协同优势

8.4.3.1 微博的媒体特征和传播优势

微博，简称是微型博客，是一个浅社交媒体，一个基于用户关系的信息获取、分享及传播的平台。与博客相比，微博用户发出的每条微博都限制在160字以内，这样简短的内容，更能符合当代人的生活习惯和生活节奏，且微博发布便利、传播迅速，用户可以通过电脑、手机等多种设备浏览，并且可以一键转发，用户与用户之间还能彼此交流，从而形成良好的互动关系。

微博技术的产生促进各类人群都纷纷创建自己的微博，一方面可以发布信息，比如说自己今天一天的感慨，自己此时此刻的心情，或者有什么好的东西可以用来分享，三言两语都可以。另一方面，用户可以一键转发自己喜欢的内容到自己的微博里，转发时可以添加自己对这个微博的看法，转发后自己的粉丝就会看到这条微博，也可以继续转发，继续添加的自己的评论，这也是微博信息传播迅速的原因。此外，用户还能关注自己喜欢的博主，成为这个人的粉丝，看这个人发的微博内容，并在某条微博下面评论自己的看法，说自己的感受。

除了上面这些普遍的功能，微博又将自己的内容做了很多分类，有搞笑、音乐、时尚美妆、美食、明星、影视、健身、旅游等。用户可以点击这些类别找到自己喜欢的内容，并随时随地在各类移动设备上再加工和分享。

8.4.3.2 基于微博的知识传播

正是因为微博的方便，消息可以快速传播，出现了各种微博"大v"，v有两个意思，一个是被认证过，一个是比较重要的意思，微博"大v"是指在微博上的身份得到认证的品牌或者一些人，在名称后面加一个v型符号，表示这个用户是独一无二的，防止被他人假冒。这种实名认证和明星效应引来了大批的明星和粉丝。例如各大手机品牌，像华为、小米等都创建了自己的微博公众号，平时有新活动或者新产品的发布时，企业都可以通过发微博让关注他们品牌的人快速知道。甚至很多明星拍了新的电影，参加了什么活动，或者是自己的日常都要发出来与大家分享。一些综艺节目也建立了自己的微博用于跟观众互动。

微博已经成为一种新的生活方式，也改变了大众获取信息和知识的方式和途径。现代人生活节奏很快，在日常生活中很难有大量的空余时间来参与知识分享，而微博可以将闲暇时的小块时间整合，正好满足了人们的碎片化需求。因此，对人们在信息获取和知识分享上有潜移默化的影响。

第9章 研究结论与展望

9.1 研究结论及贡献

9.1.1 研究结论

协同产品创新成为现阶段企业产品创新的重要方式和途径。互联网技术尤其是 Web2.0 技术的发展，使得这一过程可以在更广地域、更大范围内进行。知识获取是企业开展客户协同创新的本质，但是网络环境下的协同创新由于创新人员的分散性、多样性、异质性和协同性等复杂特性使得这一情境下的知识分享过程具有动态性和不确定性。本书基于生态系统原理和理性行为、社会网络相关理论，以网络环境下的协同创新客户为研究对象，通过案例分析和深入阅读相关理论、文献，对这一情景下的客户知识分享活动进行剖析，并提出网络环境下客户协同产品创新知识分享的理论模型和研究假设，通过问卷调查获取数据来验证理论模型和相关研究假设，最后运用治理、联盟治理理论和数学建模方法，分析知识分享的治理过程和治理对策。主要结论包括以下四个方面。

第一，利用生态系统原理、观点和方法分析现阶段企业开展网络环境下客户协同产品创新活动的展开过程及协同特征。研究结果表明，网络环境下的客户协同产品创新具有生态系统的典型特征，系统元件为网络环境下的协同客户和客户群落，系统要素为协同创新主体、协同对象（客体）和协同的媒介。要素的分布、互动、竞争和演化具有明显的生态系统特征。

第二，通过探索性案例研究，初步分析网络环境下客户协同产品创新知识分享的机理。基于相关理论研究，使用社会网络分析工具对三个协同创新网络平台的客户知识分享行为进行数据采集、分析，并对相关客户展开访谈，以初步了解系统要素和客户知识分享之间的关系，并提出初始研究命题。研究结果表明，要素间关系呈现出共有特征，且在知识分享过程中起到了驱动作用。

第三，整合理性行为理论和社会网络理论，进一步剖析了网络环境下客户协同产品创新知识分享的机理。借鉴社会网络理论，将要素间关系划分为主体间网络关系和主体—媒介关系，基于理性行为理论构建"系统要素间关系—知识分享态度—知识分享意愿"的理论模型和研究假设。设置两阶段调查问卷，通过探索性因子分析、验证性因子分析、多元回归分析和中介效应验证程序，检验理论模型的有效性，验证相关研究假设，并分析模型要素在时间轴上的变化特征和变化趋势。得到以下主要结论：

（1）主体间网络关系、主体—媒介关系对协同客户的知识分享态度（知识分享情感和个体认知）和知识分享意愿有显著的正相关关系。知识分享情感与个体认知在"主体间网络关系、主体—媒介关系—知识分享意愿"中都充当了中介的作用。这与本书的相关研究假设相一致，也支持了刘海鑫（2014）[22]的部分研究结果：线上互动可以影响网络空间个体的知识贡献意愿和个体认知。

（2）通过比较初入期和经验期多元回归系数的变化可知，与预想的一样，主体间网络关系对协同创新客户知识分享情感、个体认知和知识分享意愿的影响程度随个体协同经验的增长而增加。而主体—媒介关系对协同客户知识分享情感、个体认知和知识分享意愿的影响程度随个体协同经验的增长而降低。这一结果验证了本书的相关假设。也同时说明：同样是互联网工具，传播信息和用于社交的效果在协同初期和经验期是不一样的。这一结果进一步说明将网络环境下客户协同产品创新系统要素间关系划分为主体间网络关系、主体—媒介关系是有效的。

第四，基于探索性案例分析、实证分析的研究结果，运用治理理论和联盟治理理论，对网络空间下客户协同产品创新知识分享的治理进行分析，并提出治理机制和对策。研究结果表明：对这一行为的治理应该从协同关系和知识分享过程两个方面展开。

（1）协同关系治理。静态角度分析，既要积极引导和鼓励协同人群建立网络关系，也要重视协同产品信息的网络化传播。动态角度分析，既要针对新老协同创新客户分类制定治理对策，也要对相同的客户随时间变化合理调整实施工具和实施重点。

（2）知识分享过程治理。按知识分享的外在行为方式分类治理。对于知识交易行为，个体认知中的期望收益是关键影响因素，应允许和鼓励协同客户进行知识交易活动，但企业应根据收费人群规模的大小灵活控制平台知识交易价格。对于知识共享和知识贡献行为，客户的知识分享情感和个体认知是关键影响因素。情感治理上，既要考虑情感支配，疏导负面情感，也要重视治理情感，激发或塑造正面情感。个体认知治理上，一方面要重视外部环境的驱动效应，另一方面也要合理设置能体现信任、效能、声誉的分享机制。

9.1.2 研究贡献

本书的理论贡献主要体现在以下三个方面。

第一，发展和丰富了生态系统理论和创新生态系统理论。本书基于生态系统原理，从创新生态系统视角出发，对网络环境下客户协同产品创新进行了分析，抽取出系统元件，分析了系统要素的分布、互动、竞争和演化过程。

第二，揭示了网络环境下客户协同产品创新知识分享的运作机理。本书基于理性行为理论和社会网络理论，通过文献分析、探索性案例研究和实证研究，重点探讨了网络环境下客户协同产品创新知识分享活动的运作机理，为后续相关性研究提供研究视角或理论支撑。

第三，本书提出的理论模型丰富了理性行为理论在网络情景下的应用。为后续相关研究提供理论或实证支撑。

本书的实践贡献在于：第一，本书对网络环境下的客户协同产品创新知识分享的内在机理和作用机制的研究为协同创新发起企业制定科学、合理、有效的决策提供指导作用。第二，本书提出的协同创新客户知识分享的分类治理思想和混合治理模式，为微观层面研究客户治理提供了新视角和理论支撑。

9.2 研究不足与展望

从社会网络和理性行为角度出发，综合应用协同创新客户主体间网络关系、主体—媒介关系来实现客户知识分享态度和意愿的提升已经日益引起重视但是尚未有人研究，并且尚未形成较为统一的理论框架。因此，本书的研究过程既充满挑战又富有意义。本研究达到了预期研究目标，得出了具有理论意义和实践价值的研究结论和启示。但由于主观能力和客观条件的限制，研究过程仍存在许多不足和遗憾，有待以后的研究进一步完善。

（1）互联网技术的发展步伐加快，客户协同创新方式与日俱增。在本书研究期间，企业开展客户协同产品创新使用的网络工具又向前发展了一大步，协同创新网站与其他网络工具衔接和并用成为现实，协同方式逐渐增多，功能不断完善。基于数据的真实性和可获取性原则，本书案例研究的调研平台为协同创新网站，这一数据来源虽然符合协同创新的研究范围，但却没有迎合协同创新工具的发展趋势。未来的研究可以基于广泛使用的协同方式和协同工具，选取更能迎合协同创新趋势的案例对象来开展相关分析。

（2）运用纵向数据探索主体间网络关系、主体—媒介关系对知识分享态度、知识分享意愿的共演路径。受研究框架和研究假设的限制，本书采用了纵向设计，研究过程也局限于从变量各自演化，以及系统要素间关系—知识分享态度—知识分享意愿提升之间的单项路径分析。事实上，系统要素间关系和知识分享态度、知识分享意愿之间存在着双向循环，甚至是相互促进的关系。系统要素间关系不但影响知识分享态度和意愿，其关系程度与方向也可能会受到知识分享态度或意愿的影响。因此，未来的研究可尝试构建网络环境下客户协同产品创新系统要素间关系、客户知识分享态度、分享意愿之间的共同演化路径和共同演化机制。

其次，本书重点分析的是变量间关系和作用机制，以及关系和机制随时间和协同经验的演变。事实上，同一时期内，主体间网络关系、主体—媒介关系对知识分享态度、知识分享意愿的作用也会呈现出一定的差异性，因此未来有必要利用纵向数据的横截面数据，来对比不同时期两者的作用大小。

（3）综合运用主体间网络关系、主体—媒介关系两类关系维度，深入分析两者交互作用对知识分享态度和知识分享意愿的影响。受客观条件限制，本书仅仅分析了主体间网络关系、主体—媒介关系对知识分享意愿的提升，并未综合考虑主体间网络关系和主体—媒介关系的交互作用对中介变量和结果变量的影响。实际上，网络环境下的协同创新客户不可避免地要同时身处两种关系之中[6]。因此，需要综合考虑系统要素间两种关系的交互作用对知识分享态度和知识分享意愿的影响机制。

（4）采用多种研究方法提高研究的信度和效度，进而保证研究质量，虽然研究的过程中，我们从量表设计、问卷方法、数据分析等环节采用了多种做法尽量保证研究的严谨性和信、效度，但受各种条件限制，仍然存在一定不足，有待完善。后续研究可以通过增加控制变量、增加样本量、扩大样本范围等方法来提高研究的信度、效度和研究结论的普适性。

参考文献

［1］CHESBROUGH H W. Open innovation: The new imperative for creating and profiting from technology［M］. Harvard Business Press，2006.

［2］朱朝晖,陈劲. 探索性学习和挖掘性学习:对立或协同?［J］. 科学学研究，2008，26(5):1052-1060.

［3］吴贵生. 用户创新概念及其运行机制［J］. 科研管理，1996(5):14-19.

［4］HIPPEL E V. PERSPECTIVE: User toolkits for innovation［J］. Journal of product innovation management，2001，18(4):247-257.

［5］BREM A，BILGRAM V. The search for innovative partners in co-creation: Identifying Lead Users in Social Media through Netnography and Crowdsourcing［J］. Journal of engineering & technology management，2015，37:40-51.

［6］SCHEIN C. The value of integrating social media tools into organizational learning processes［D］. California: Fielding Graduate University，2014.

［7］SU J F，YANG Y，YANG T. Simulation of conflict contagion in customer collaborative product innovation［J］. International journal of simulation modelling，2015:134-144.

［8］BAYUS B L. Crowdsourcing new product ideas over time: An analysis of the Dell IdeaStorm community［J］. Management science，2013，59(1):226-244.

［9］刘海鑫,等. 共创价值模式下消费者知识贡献影响因素研究——社区认同的形成及作用［J］. 科学学与科学技术管理，2015(7):107-115.

［10］GRANOVETTER M S. The strength of weak ties［J］. American journal of sociology，1973，78(6): 1360-1380.

［11］FOSS N J，HUSTED K，MICHAILOVA S. Governing knowledge sharing in organizations: Levels of Analysis, Governance Mechanisms, and Research Directions［J］. Journal of management studies，2010，47(3):455-482.

［12］张生太，王亚洲，张永云，等. 知识治理对个体知识共享行为影响的跨层次分析［J］. 科研管理，2015，36(2):133-144.

［13］DAVENPORT T H，PRUSAK L. Working knowledge : How Organizations Manage What They Know / T.H. Davenport, L. Prusak.［J］. Higher education academy，2000.

［14］罗军. 基于复杂社会网络的企业员工知识分享行为研究［D］. 重庆：重庆大学，2013.

［15］NONAKA I，TOYAMA R，KONNO N. Seci，ba and leadership: a Unified Model of Dynamic Knowledge Creation［J］. Long range planning，2000，33(1):5-34.

［16］SHARMA R S，BHATTACHARYA S. Knowledge dilemmas within organizations: Resolutions from game theory［J］. Knowledge-based systems，2013，45(6):100-113.

［17］WANG X. Forming mechanisms and structures of a knowledge transfer network: theoretical and simulation research［J］. Journal of knowledge management，2013，17(2):278-289.

［18］BOCK G W，KIM Y G. Breaking the myths of rewards: An Exploratory Study of Attitudes about Knowledge Sharing［J］. Information resources management journal，2002，15(2):14-21.

［19］FRANKE N，SHAH S. How communities support innovative activities: an exploration of assistance and sharing among end-users［J］. Research policy，2003，32(1):157-178.

［20］KOSONEN M，GAN C，OLANDER H，ET AL. My idea is our idea! Supporting user-driven innovation activities in crowdsourcing communities［J］. International journal of innovation management，2013，17(3).

［21］JEPPESEN L B，FREDERIKSEN L. Why do users contribute to firm-hosted user communities? The Case of Computer-Controlled Music Instruments［J］. Organization science，2006，17(1):45-63.

［22］刘海鑫，等. 企业虚拟社区个体知识贡献行为影响因素研究［J］. 科研管理，2014(6):16.

[23] PORTER C E, DONTHU N. Cultivating trust and harvesting value in virtual communities [J]. Management science, 2008, 54(1):113-128.

[24] 冯博, 刘佳. 大学科研团队知识共享的社会网络分析[J]. 科学学研究, 2007, 25(6):1156-1163.

[25] MCEVILY B, MARCUS A. Embedded ties and the acquisition of competitive capabilities [J]. Strategic management journal, 2005, 26(11):1033-1055.

[26] WIERTZ C, RUYTER K D. Beyond the call of duty: Why Customers Contribute to Firm-Hosted Commercial Online Communities [J]. Organization studies, 2007, 28(3):347-376.

[27] WASKO M M, FARAJ S. Why should i share? Examining social capital and knowledge contribution in electronic networks of practice [J]. MIS quarterly, 2005:35-57.

[28] RISHIKA R, KUMAR A, JANAKIRAMAN R, ET AL. The effect of customers' social media participation on customer visit frequency and profitability: an empirical investigation [J]. Information systems research, 2013, 24(1):108-127.

[29] 刘鲁川, 孙凯. 社会化媒体用户的情感体验与满意度关系——以微博为例[J]. 中国图书馆学报, 2015(1):76-91.

[30] 张永云, 张生太. 社交媒体知识协作网络中的明星效应和经纪人效应——来自Wikipedia社交媒体的发现[J]. 现代图书情报技术, 2015（4）:13.

[31] JEPPESEN L B, LAKHANI K R. Marginality and problem-solving effectiveness in broadcast search [J]. Organization science, 2010, 21(5):1016-1033.

[32] 王小磊, 杨育, 曾强, 等. 客户协同创新的复杂性及主体刺激-反应模型[J]. 科学学研究, 2009, 27(11):1729-1735.

[33] 杨洁. 协同产品创新中客户知识集成模式及其关键技术研究[D]. 重庆: 重庆大学, 2009.

[34] PHANG C W, KANKANHALLI A, TAN B C Y. What motivates contributors vs. Lurkers? An Investigation of Online Feedback Forums [J]. Information systems research, 2015, 26(4).

[35] CHANG C, HSU M, LEE Y. Factors influencing knowledge-sharing

behavior in virtual communities: A Longitudinal Investigation [J]. Information systems management, 2015, 32(4):331-340.

[36] 周军杰. 虚拟社区内不同群体的知识贡献行为：一项对比研究 [J]. 管理评论, 2015, 27(2):55.

[37] HUANG Y, VIR SINGH P, SRINIVASAN K. Crowdsourcing new product ideas under consumer learning [J]. Management science, 2014, 60(9):2138-2159.

[38] PLATO B C, CORNFORD F M. Plato's theory of knowledge: the Theaetetus and the Sophist [M]. New York: Dover Publications, 2003.

[39] GURALNIK D B. Websters new world dictionary of the American language [M]. World Pub. Co, 1972.

[40] LEE J N. The impact of knowledge sharing, organizational capability and partnership quality on IS outsourcing success [J]. Information & management, 2001, 38(5):323-335.

[41] JOSHI K D, SARKER S, SARKER S. Knowledge transfer within information systems development teams: Examining the role of knowledge source attributes [J]. Decision support systems, 2007, 43(2):322-335.

[42] HANSEN S, AVITAL M. Share and share alike: The Social and Technological Influences on Knowledge Sharing Behavior [J]. 2005, 5(1):1-19.

[43] HENDRIKS P. Why share knowledge? The influence of ICT on the motivation for knowledge sharing [J]. Knowledge & process management, 1999, 6(2):91-100.

[44] 应力, 钱省三. 企业内部知识市场的知识交易方式与机制研究 [J]. 上海理工大学学报, 2001, 23(2):167-170.

[45] 高忠义, 王永贵. 用户创新及其管理研究现状与展望 [J]. 外国经济与管理, 2006, 28(4):40-47.

[46] 陈劲, 阳银娟. 协同创新的理论基础与内涵 [J]. 科学学研究, 2012, (2):161-164.

[47] 李斐, 杨育, 谢建中, 等. 客户协同创新网络的复杂网络特性分析 [J]. 重庆大学学报, 2013, 36(7):27-31.

[48] HIPPEL E V. The sources of innovation [M]. Frankfurt: Gabler, 2007.

[49] NAMBISAN S. Designing virtual customer environments for new product development: Toward a Theory [J]. Academy of management review, 2002, 27(3):392-413.

[50] LÜTHJE C. Characteristics of innovating users in a consumer goods field: An empirical study of sport-related product consumers [J]. Ssrn electronic journal, 2004, 24(9):683-695.

[51] BIEMANS W, GRIFFIN A, MOENAERT R. Twenty years of the journal of product innovation management: History, Participants, and Knowledge Stock and Flows [J]. Journal of product innovation management, 2007, 24(3):193-213.

[52] KAMBIL A, FRIESEN G B, SUNDARAM A. Co-creation: A new source of value [J]. Outlook magazine, 1999, 3(2): 23-29.

[53] SICILIA M, PALAZÓN M. Brand communities on the internet: A case study of Coca-Cola's Spanish virtual community [J]. Corporate communications an international journal, 2008, volume 13(13):255-270.

[54] BORDIA P. Face-to-face versus computer-mediated communication: A Synthesis of the Experimental Literature. [J]. Journal of business communication, 1997, 34(1):99-118.

[55] OZER M. Process implications of the use of the Internet in new product development: A conceptual analysis [J]. Industrial marketing management, 2003, 32(6):517-530.

[56] 杨育, 王小磊, 曾强, 等. 协同产品创新设计优化中的多主体冲突协调 [J]. 计算机集成制造系统, 2011, 17(1):1-9.

[57] HAGEL J. Net gain: Expanding markets through virtual communities [J]. Journal of interactive marketing, 1999, 13(1):55-65.

[58] SCHUBERT P, GINSBURG M. Virtual communities of transaction: The Role of Personalization in Electronic Commerce [J]. Electronic markets, 2010, 10(1):45-55.

[59] POETZ M K, SCHREIER M. The value of crowdsourcing: can users really compete with professionals in generating new product ideas? [J]. Journal of product

innovation management, 2012, 29(2):245-256.

[60] YENICIOGLU B, SUERDEM A. Participatory new product development-a framework for deliberately collaborative and continuous innovation design [J]. Procedia – social and behavioral sciences, 2015, 195(4):1443-1452.

[61] YILMAZ L. Innovation systems are self-organizing complex adaptive systems [C] //AAAI Spring Symposium: Creative Intelligent Systems. 2008: 142-148.

[62] OJANEN V, HALLIKAS J. Inter-organisational routines and transformation of customer relationships in collaborative innovation [J]. International journal of technology management, 2009, 45(3-4):306-322.

[63] THE EUROPEAN COMMISSION. EU directorate-general for communications networks, Content and Technology [R]. Open Innovation 2013, 2013.

[64] 蒋德嵩. 拥抱创新 3.0 [N]. 哈佛商业评论, 2013-01-05.

[65] 李万, 常静, 王敏杰, 等. 创新3.0与创新生态系统 [J]. 科学学研究, 2014, 32(12).

[66] HWANG V, MABOGUNJE A. The new economics of innovation ecosystems [J]. Stanford social innovation review, 2013, 8(6):123-125.

[67] CHANG H H, CHUANG S. Social capital and individual motivations on knowledge sharing: Participant involvement as a moderator [J]. Information & management, 2011, 48(1):9-18.

[68] HO S C, TING P H, BAU D Y, ET AL. Knowledge-sharing intention in a virtual community: a study of participants in the Chinese Wikipedia [J]. Cyberpsychology behavior & social networking, 2011, 14(9):541.

[69] HUNG S, DURCIKOVA A, LAI H, ET AL. The influence of intrinsic and extrinsic motivation on individuals' knowledge sharing behavior [J]. International journal of human-computer studies, 2011, 69(6):415-427.

[70] TRAN A, UL HASAN S, PARK J. Crowd participation pattern in the phases of a product development process that utilizes crowdsourcing [J]. Industrial engineering & management systems, 2012, 11(3):266-275.

[71] WILSON J M, STRAUS S G, MCEVILY B. All in due time: The

development of trust in computer-mediated and face-to-face teams [J]. Organizational behavior & human decision processes, 2006, 99(1):16-33.

[72] HSU M, JU T L, YEN C, ET AL. Knowledge sharing behavior in virtual communities: The relationship between trust, self-efficacy, and outcome expectations[J]. International journal of human-computer studies, 2007, 65(2):153-169.

[73] SHIN S K, ISHMAN M, SANDERS G L. An empirical investigation of socio-cultural factors of information sharing in China [J]. Information & management, 2007, 44(2):165-174.

[74] CHIU C, HSU M, WANG E T. Understanding knowledge sharing in virtual communities: An integration of social capital and social cognitive theories [J]. Decision support systems, 2006, 42(3):1872-1888.

[75] HUA J Y, FENG Y, CHOI B C F. Understanding knowledge contribution in online knowledge communities: A model of community support and forum leader support [J]. Electronic commerce research & applications, 2015, 14(1):34-45.

[76] NONAKA I, TAKEUCHI H. The knowledge-creating company: How Japanese companies create the dynamics of innovation [M]. Oxford: Oxford University Press, 1995.

[77] SZULANSKI G. The process of knowledge transfer: a diachronic analysis of stickiness [J]. Organizational behavior & human decision processes, 2000, 82(1):9-27.

[78] MAJCHRZAK A, WAGNER C, YATES D. The impact of shaping on knowledge reuse for organizational improvement with Wikis [J]. Mis quarterly, 2013, 37(2):455-470.

[79] SHACHAF P. Social reference: Toward a unifying theory [J]. Library & information science research, 2010, 32(1):66-76.

[80] LUEG C. From UseNet to CoWebs: Interacting with social information spaces [M]. Springer-Verlag New York, Inc., 2003.

[81] GAZAN R. Social Q&A [J]. Journal of the association for information science and technology, 2011, 62(12):2301-2312.

[82] TO P L, LIAO C, CHIANG J C, ET AL. An empirical investigation of

the factors affecting the adoption of Instant Messaging in organizations [J]. Computer standards & interfaces, 2008, 30(3):148-156.

[83] LEE D, KIM H S, KIM J K. The role of self-construal in consumers' electronic word of mouth (eWOM) in social networking sites: A social cognitive approach [J]. Computers in human behavior, 2012, 23(5):1054-1062.

[84] CHAN M, WU X, HAO Y, ET AL. Microblogging, online expression, and political efficacy among young chinese citizens: The moderating role of information and entertainment needs in the use of weibo [J]. Cyberpsychology behavior & social networking, 2012, 15(7):345-349.

[85] 崔剑, 祁国宁, 纪杨建, 等. 基于需求流动链的映射机理 [J]. 机械工程学报, 2008, 44(7):93-100.

[86] 张晓冬, 罗乐, 缪春, 等. 基于设计者智能主体模型的产品开发过程仿真 [J]. 系统仿真学报, 2007, 19(12):2654-2657.

[87] 张伟兵, 张永军. 创新导向的企业绩效管理体系构建——基于知识共享视角 [J]. 科技进步与对策, 2012, 29(5):92-96.

[88] GLOMSETH R, GOTTSCHALK P, SOLLI-SÆTHER H. Occupational culture as determinant of knowledge sharing and performance in police investigations [J]. International journal of the sociology of law, 2007, 35(2):96-107.

[89] ROBIN V, ROSE B, GIRARD P. Modelling collaborative knowledge to support engineering design project manager [J]. Computers in industry, 2007, 58(2):188-198.

[90] ANDERSEN R, MØRCH A I. Mutual development in mass collaboration: Identifying interaction patterns in customer-initiated software product development [J]. Computers in human behavior, 2016, 65:77-91.

[91] 刘海鑫, 刘人境, 李圭泉. 社会资本、技术有效性与知识贡献的关系研究——基于企业虚拟社区的实证研究 [J]. 管理评论, 2014, 12(12):10-19.

[92] 王众托. 知识系统工程 [M]. 北京: 科学出版社, 2016.

[93] 黄志坚. 工程系统概论: 系统论在工程技术中的应用 [M]. 北京: 北京大学出版社, 2010.

[94] 钱学森. 钱学森论系统科学 [M]. 北京: 科学出版社, 2012.

［95］林育真，付荣恕. 生态学［M］. 第 2 版. 北京：科学出版社，2011.

［96］克里斯托夫·弗里曼，等. 技术政策与经济绩效：日本国家创新系统的经验［M］. 南京：东南大学出版社，2008.

［97］李钟文. 硅谷优势：创新与创业精神的栖息地［M］. 北京：人民出版社，2002.

［98］梅亮，陈劲，刘洋. 创新生态系统：源起、知识演进和理论框架［J］. 科学学研究，2014，32(12):1771-1780.

［99］曾国屏，苟尤钊，刘磊. 从"创新系统"到"创新生态系统"［J］. 科学学研究，2013，31(1):4-12.

［100］ADNER R，KAPOOR R. Innovation ecosystems and the pace of substitution: Re - examining technology S - curves［J］. Strategic management journal，2014，37(4):625-648.

［101］曾国屏，林菲. 走向创业型科研机构——深圳新型科研机构初探［J］. 中国软科学，2013，32(11):49-57.

［102］GRANOVETTER M. Economic action and social structure: The problem of embeddedness［J］. American journal of sociology，1985:481-510.

［103］刘军. 社会网络分析导论［M］. 北京：社会科学文献出版社，2004.

［104］BURT R S. Structural holes: The social structure of competition［M］. Boston: Harvard University Press，1993.

［105］POWELL W W. Interorganizational collaboration and the locus of innovation: Networks of Learning in Biotechnology［J］. Administrative science quarterly，1996，41(1):116-145.

［106］边燕杰. 社会资本研究［J］. 学习与探索，2006(2):39-40.

［107］CROSBY L A，EVANS K R，COWLES D. Relationship quality in service selling: An Interpersonal Influence Perspective［J］. Journal of marketing，1990，54(3):68-81.

［108］HENNIG-THURAU T，KLEE A. The impact of customer satisfaction and relationship quality on customer retention: A critical reassessment and model development［J］. Psychology & marketing，1997，14(8):737-764.

［109］辛枫冬. 网络关系对知识型服务业服务创新能力的影响研究［D］.

天津：天津大学，2011.

[110] 潘松挺. 网络关系强度与技术创新模式的耦合及其协同演化[D]. 杭州：浙江大学，2009.

[111] REAGANS R, ZUCKERMAN E, MCEVILY B. How to make the team: Social Networks vs. Demography as Criteria for Designing Effective Teams[J]. Administrative science quarterly, 2004, 49(1):101-133.

[112] 李树茁, 韦艳, 任义科. 基于整体网络视角的农民工避孕行为影响因素分析[J]. 人口与经济, 2007(1):12-20.

[113] FISHBEIN M, AJZEN I. Belief, attitude, intention and behaviour: an introduction to theory and research[J]. Philosophy & rhetoric, 1977, 41(4):842-844.

[114] MILLER J G. Cultural diversity in the morality of caring: Individually oriented versus duty-based interpersonal moral codes.[J]. Cross-cultural research: the journal of comparative social science, 1994, 28(1):3-39.

[115] BAGOZZI R P, BAUMGARTNER H, YI Y. State versus action orientation and the theory of reasoned action: An Application to Coupon Usage[J]. Journal of consumer research, 1992, 18(4):505-518.

[116] 于丹. 品牌购买理论(TBP)研究——理性行为理论(TRA)在品牌购买情境下的深化与拓展[D]. 大连：大连理工大学，2007.

[117] DAVIS F D. User acceptance of information technology: System characteristics, user perceptions and behavioral impacts[J]. International journal of man-machine studies, 1993, 38(3):475-487.

[118] BRECKLER S J, WIGGINS E C. Affect versus evaluation in the structure of attitudes[J]. Journal of experimental social psychology, 1989, 25(3):253-271.

[119] FRENCH D P, SUTTON S, HENNINGS S J, ET AL. The importance of affective beliefs and attitudes in the Theory oPlanned Behavior: Predicting intention to increase physical activity1[J]. Journal of applied social psychology, 2005, 35(9):1824-1848.

[120] TAYLOR S, TODD P. Assessing it usage: The Role of Prior Experience[J]. Mis quarterly, 1995, 19(4):561-570.

［121］TAYLOR S, TODD P A. Understanding information technology usage: A Test of Competing Models［J］. Information systems research, 1995, 6(2):144-176.

［122］VENKATESH V, DAVIS F D. A theoretical extension of the technology acceptance model: Four Longitudinal Field Studies［J］. Management science, 2000, 46(2):186-204.

［123］HU P J, CHAU P Y K, SHENG O R L, ET AL. Examining the technology acceptance model using physician acceptance of telemedicine technology［J］. Journal of management information systems, 1999, 16(2):91-112.

［124］BROWN S A, MASSEY A P, MONTOYA-WEISS M M, ET AL. Do i really have to? User acceptance of mandated technology［J］. European journal of information systems, 2002, 11(4):283-295.

［125］CHAU P Y K, HU J H. Investigating healthcare professionals' decisions to accept telemedicine technology: an empirical test of competing theories［J］. Information & management, 2002, 39(4):297-311.

［126］IGBARIA M, ZINATELLI N, CRAGG P. Personal computing acceptance factors in small firms: A Structural Equation Model［J］. Mis quarterly, 1997, 21(3):279-305.

［127］KARAHANNA E, STRAUB D W, CHERVANY N L. Information technology adoption across time: A Cross-Sectional Comparison of Pre-Adoption and Post-Adoption Beliefs［J］. Mis quarterly, 2017, 23(2):183-213.

［128］LEDERER A L, MAUPIN D J, SENA M P, ET AL. The technology acceptance model and the World Wide Web［J］. Decision support systems, 2000, 29(3):269-282.

［129］李泉. 治理理论的谱系与转型中国［J］. 复旦学报（社会科学版）, 2012(6):130-137.

［130］RHODES R A W. The new governance: Governing without Government 1［J］. Political studies, 1996, 44(4):652-667.

［131］任旭. 基于社会交易理论的企业战略联盟演变机理研究［D］. 北京：北京交通大学, 2008.

［132］GULATI R. Social structure and alliance formation patterns: A Longitudinal

Analysis [J]. Administrative science quarterly, 1995, 40(4):619-652.

[133] SIM A B, ALI M Y. Determinants of stability in international joint ventures: Evidence from a Developing Country Context [J]. Asia pacific journal of management, 2000, 17(3):373-397.

[134] 袁健红, 施建军. 技术联盟中的冲突、沟通与学习 [J]. 东南大学学报(哲学社会科学版), 2004, 6(4):56-61.

[135] 陈劲, 陈钰芬. 开放创新体系与企业技术创新资源配置[J].科研管理, 2006, 27(3):1-8.

[136] DE MAGGIO M, GLOOR P A, PASSIANTE G. Collaborative innovation networks, virtual communities and geographical clustering [J]. International journal of innovation and regional development, 2009, 1(4):387-404.

[137] MARCH J G. Exploration and exploitation in organizational learning [J]. Organization science, 1991, 2(1):71-87.

[138] AHUJA G, LAMPERT C M. Entrepreneurship in the large corporation: A longitudinal study of how established firms create breakthrough inventions [J]. Strategic management journal, 2001, 22(6-7):521-543.

[139] 贺团涛, 曾德明. 知识创新生态系统的理论框架与运行机制研究 [J]. 情报杂志, 2008, 27(6):23-25.

[140] 于洋. 组织知识管理中的知识超网络研究 [D]. 大连:大连理工大学, 2009.

[141] 张生太, 李涛, 段兴民. 组织内部隐性知识传播模型研究 [J]. 科研管理, 2004, 25(4):28-32.

[142] HOOFF B V D, RIDDER J A D. Knowledge sharing in context: the influence of organizational commitment, communication climate and CMC use on knowledge sharing [J]. Journal of knowledge management, 2004, 8(6):117-130.

[143] TEECE D J. Technology transfer by multinational firms: The Resource Cost of Transferring Technological Know-How [J]. Economic Journal, 1977, 87(346).

[144] YIN R K. Case study research: Design and Methods 5ed [M]. Sage, 2013.

[145] 朱明娜. 海尔与苹果公司技术创新模式对比分析 [D]. 南昌:南昌

大学，2013.

[146] 陈红花，李平. 企业技术创新互联网化研究——基于海尔集团的案例分析[J]. 科技管理研究，2015，35(22):167-171.

[147] 詹湘东. 基于用户创新社区的开放式创新研究[J]. 中国科技论坛，2013(8):34-39.

[148] BOCK G W, ZMUD R W, KIM Y G, ET AL. Behavioral intention formation in knowledge sharing: examining the roles of extrinsic motivators, social-psychological factors, and organizational climate[J]. Mis quarterly, 2005, 29(1):87-111.

[149] HSU C L, LIN C C. Acceptance of blog usage: The roles of technology acceptance, social influence and knowledge sharing motivation[J]. Information & management, 2008, 45(1):65-74.

[150] MA M, AGARWAL R. Through a glass darkly: Information technology design, identity verification, and knowledge contribution in online communities[J]. Information systems research, 2007, 18(1):42-67.

[151] BAGOZZI R P, LEE K, VAN LOO M F. Decisions to donate bone marrow: The role of attitudes and subjective norms across cultures[J]. Psychology & health, 2001, 16(1):29-56.

[152] BURT R S. The network structure of social capital[J]. Research in organizational behavior, 2000, 22(22):345-423.

[153] 汪小帆，李翔，陈关荣. 复杂网络理论及其应用[M]. 北京：清华大学出版社，2006.

[154] COLEMAN, JAMES. Foundations of social theory[M]. Boston: Belknap press of harvard university press, 1990.

[155] 陈学光. 网络能力、创新网络及创新绩效关系研究[D]. 杭州：浙江大学，2007.

[156] DACIN M T, BEAL B D, VENTRESCA M J. The embeddedness of organizations: dialogue & directions[J]. Journal of management: official journal of the southern management association, 1999, 25(3):317-356.

[157] ANDERSSON U, FORSGREN M, HOLM U. The strategic impact

of external networks: Subsidiary Performance and Competence Development in the Multinational Corporation [M]. UK: Palgrave macmillan, 2016.

[158] 应洪斌. 产业集群中关系嵌入性对企业创新绩效的影响机制研究[D]. 杭州：浙江大学, 2011.

[159] DAVIS F D. Perceived usefulness, perceived ease of use, and user acceptance of information technology [J]. MIS quarterly, 1989: 319-340.

[160] ZHU F. Group Size and Incentives to Contribute: A Natural Experiment at Chinese Wikipedia [J]. American economic review, 2007, 101(4):1601-1615.

[161] YE H J, FENG Y, CHOI B C F. Understanding knowledge contribution in online knowledge communities: A model of community support and forum leader support [J]. Electronic commerce research & applications, 2015, 14(1):34-45.

[162] DAFT R L, LENGEL R H. Information richness. A new approach to managerial behavior and organization design [R]. Texas a and m univ college station coll of business administration, 1983.

[163] LEONARDI P M. Social media, knowledge sharing, and innovation: Toward a theory of communication visibility [J]. Information systems research, 2014, 25(4):796-816.

[164] 姚静. 基于百科的中文知识搜索系统的设计与实现[D]. 哈尔滨：哈尔滨工业大学, 2011.

[165] KHAN M L. Social media and user engagement: A SELF DETERMINATION PERSPECTIVE [D]. East Lansing: Michigan state university, 2014.

[166] BYSTR, KATRIINA M. Information and information sources in tasks of varying complexity [J]. Journal of the association for information science and technology, 2002, 53(7):581-591.

[167] 姜婷婷, 贺虹虹, 张正楠. 搜索任务复杂度对用户情感的影响研究[J]. 图书情报知识, 2016(4):74-82.

[168] 程德俊. 组织中的认知信任和情感信任及构建机制[J]. 南京社会科学, 2010(11):57-63.

[169] 周蕊. 基于双因素视角的用户信息系统使用行为研究[D]. 济南：山东大学, 2014.

［170］CENFETELLI R T. The inhibitors of technology usage［D］. Vancourer: University of British Columbia，2004.

［171］BANDURA A. Social foundations of thought and action: A social cognitive theory.［M］. Prentice-Hall，Inc，1986.

［172］韩冰，白福春. 微博、微信在图书馆移动信息服务中的比较与整合研究［J］. 现代情报，2015(4):108-111.

［173］HEIJDEN H. User acceptance of hedonic information systems［J］. Mis quarterly，2004，28(4):695-704.

［174］JIANG Z，CHAN J，TAN B C Y，ET AL. Effects of interactivity on website involvement and purchase intention.［J］. Journal of the association for information systems，2010，11(1):34-59.

［175］张敏，唐国庆，张磊. 在线社交学习中用户知识贡献行为的影响因素研究——基于"利己"与"利他"的双重情境［J］. 情报杂志，2016，35(10):146-152.

［176］LIN N，ENSEL W M，VAUGHN J C. Social resources and strength of ties: Structural Factors in Occupational Status Attainment［J］. American sociological review，1981，46(4):393-405.

［177］MITCHELL J C. Social networks［J］. Anthropology，2003，3(1):279-299.

［178］ANDERSON E W，SULLIVAN M W. The antecedents and consequences of customer satisfaction for firms［J］. Marketing science，1993，12(2):125-143.

［179］DAVIS F D，BAGOZZI R P，WARSHAW P R. User acceptance of computer technology: a comparison of two theoretical models［J］. Management science，1989，35(8):982-1003.

［180］VENKATESH V. Determinants of perceived ease of use: Integrating Control, Intrinsic Motivation, and Emotion into the Technology Acceptance Model.［J］. Information systems research，2000，11(4):342-365.

［181］王姝，陈劲，梁靓. 网络众包模式的协同自组织创新效应分析［J］. 科研管理，2014，35(4):26-33.

［182］吴明隆. 问卷统计分析实务［M］. 重庆：重庆大学出版社，2010.

［183］魏江，徐蕾. 知识网络双重嵌入，知识整合与集群企业创新能力［J］.

管理科学学报, 2014, 17(2):34-47.

［184］WONG C S, LAW K S, HUANG G H. On the importance of conducting construct-level analysis for multidimensional constructs in theory development and testing［J］. Journal of management: official journal of the southern management association, 2008, 34(4):744-764.

［185］马庆国. 管理统计：数据获取、统计原理、SPSS 工具与应用研究［M］. 北京：科学出版社, 2002.

［186］吴明隆. 结构方程模型：AMOS 的操作与应用［M］. 重庆：重庆大学出版社, 2009.

［187］COHEN J, COHEN P, WEST S G, ET AL. Applied multiple regression/correlation analysis for the behavioral sciences［M］. UK: Routledge, 2013.

［188］朱平芳. 现代计量经济学［M］. 上海：上海财经大学出版社, 2004.

［189］BARON R M, KENNY D A. The moderator-mediator variable distinction in social psychological research: Conceptual, strategic, and statistical considerations［J］. Journal of personality and social psychology, 1986, 51(6): 1173.

［190］李东进. 消费者搜寻信息努力与影响因素的实证研究——以广告媒体为中心［J］. 南开管理评论, 2000, 3(4):52-59.

［191］耿联."陌生人社会"中的媒体责任担当［J］. 新闻战线, 2013(6)：87-88.

［192］GUNAWAN D D, HUARNG K H. Viral effects of social network and media on consumers' purchase intention［J］. Journal of business research, 2015, 68(11): 2237-2241.

［193］葛如一, 张朋柱. 网络创新外包交易机制比较研究［J］. 管理科学学报, 2010, 13(11):20-26.

［194］ARMSTRONG M. Competition in two-sided markets［J］. The RAND journal of economics, 2006, 37(3):668-691.

［195］SHI M. A theoretical analysis of endogenous and exogenous switching costs［J］. Quantitative marketing and economics, 2013, 11(2):205-230.

［196］帅旭, 陈宏民. 转移成本、网络外部性与企业竞争战略研究［J］. 系统工程学报, 2003, 18(05):457-461.

［197］侯瑞. 从情感支配到治理情感［D］. 北京：清华大学, 2014.

附录1　访谈提纲

一、开放式访谈提纲

（1）参与了哪家或哪几家企业的产品创新，企业所属的行业性质，企业开展客户协同创新的产品的性质？

（2）参与企业产品创新的方式和工具？方式和工具是否随时间变化，怎样变化？

（3）参与企业产品创新的过程。关键环节是什么？影响要素都有哪些？

（4）参与企业产品创新相关心得。

二、焦点式访谈提纲

1. 主体要素状况

（1）主体的静态属性，包括年龄、性别、学历、参加产品创新活动的时间和经验。

（2）主体间网络关系，和多少协同主体有过交流，是否经常沟通？

2. 媒介要素状况

（1）了解协同创新产品信息的网络渠道都有哪些？这些信息的发布主体是谁？

（2）所了解的企业开展客户协同创新的平台大约有多少种？具体参与了哪几种？

（3）协同创新企业产品信息发布网络渠道的交互功能（浏览？查询？交流？）

（4）企业开展协同创新的平台的交互功能（客户能灵活交流的程度？客户能和企业交流的程度？）

（5）动态角度视角：产品信息发布网络渠道和协同创新平台两者的多样性和

交互功能随时间有哪些变化？

3. 主体——媒介关系

（1）通常通过多少种网络渠道了解协同产品信息？

（2）找到协同产品信息时，通常会怎么处置？

（3）动态视角：从刚参与产品创新到现在，网络渠道使用状况和产品信息处置方式是否有变化，如何变化？

4. 知识分享态度

（1）描述协同产品创新中分享知识的情感体验？（例如：有趣、无聊等）

（2）动态视角：从刚参与产品创新到现在，协同产品创新中分享知识的情感体验是否发生变化？如何变化？

（3）描述协同产品创新中分享知识的个体认知？（为什么参加协同创新？协同创新的价值？例如，有用的、有回报的、有利的、可以完成的）

（4）动态视角：从刚参与产品创新到现在，协同产品创新中分享知识的个体认知是否发生变化，如何变化？

5. 知识分享意愿

（1）描述协同产品创新中分享知识的意愿程度？

（2）动态视角：从刚参与产品创新到现在，协同产品创新分享知识的意愿程度是否发生变化？如何变化？

附录2　问卷调查

尊敬的女士/先生：您好！

非常感谢您再百忙之中参与此次调查，这是一项关于知识分享的研究，您的鼎力相助将是研究成功的关键。本问卷采用匿名方式填写，各题项只是陈述个人状态，答案无对错之分，请按照实际情况选择符合您的选项。本调查结果只做研究使用，我们会对您的回答保密，因此请不必顾虑。

重点提示：本套问卷需要再次填写。为了进行两次问卷匹配，请完善您的联系方式：_____（QQ、E-mail 或者电话）

谢谢您的大力支撑！

> 特别说明：以下问卷中涉及的社区或社群是指企业开展客户参与创新活动的网络场所（例如：网络社区、论坛，或者 QQ 群、微信群等），请根据您参与创新所在的具体场所填写。

基本信息（注意：以下选项均为单选，填写时，在正确的选项上打√）

1. 您加入本社区（社群）的时间：□1 个月内　□1 个月~1 年　□1 年以上
2. 性别：□男　　　　□女
3. 年龄：□26~30 岁　　□31~40 岁　　□41~50 岁　　□50 岁以上
4. 学历：□专科　　　□本科　　　□硕士
5. 平均每周上网时间：□3 小时以下　　□3~10 小时　　□10 小时以上
6. 平均每周通过网络提供产品或创意的次数：
   □2 次以下　　□2~7 次　　□7 次以上

一、您通过网络查询信息的状况（以下选项均为单选，根据实际情况，在对应数字上打√）

通过搜索引擎、网络平台和各类协同平台（微博、微信平台）了解协同产品信息的状况	很不符合		一般		非常符合
我通过搜索引擎、各类公共媒介和企业社交媒介（微博、微信平台）了解任务或产品信息的频率很高	1	2	3	4	5
我每次花费很长时间浏览、阅读和研究各类公共媒介和企业社交媒介（微博、微信平台）发布的信息	1	2	3	4	5
我对协同产品相关的公共媒介和企业社交媒介（微博、微信平台）非常熟悉	1	2	3	4	5
我收藏公共媒介和企业社交媒介（微博、微信平台）任务或产品信息的频率很高	1	2	3	4	5
我评论公共媒介和企业社交媒介（微博、微信平台）任务或产品信息的频率很高	1	2	3	4	5
我转发公共媒介和企业社交媒介（微博、微信平台）任务或产品信息的频率很高	1	2	3	4	5
我长期关注公共媒介和企业社交媒介（微博、微信平台）的任务或产品信息	1	2	3	4	5
我更换公共媒介和企业社交媒介（微博、微信平台）的频率很慢	1	2	3	4	5

二、您和其他社区成员（社群成员）沟通任务或产品信息的状况（以下选项均为单选，根据实际情况，在对应数字上打√）

和社区成员（社群）其他成员沟通任务或产品信息的状况	很不符合		一般		非常符合
我和社区（社群）其他成员每次交流的时间挺长	1	2	3	4	5
我和社区（社群）其他成员很熟悉	1	2	3	4	5
我和社区（社群）其他成员相互信任	1	2	3	4	5
我和社区（社群）其他成员相互忠诚	1	2	3	4	5
我和社区（社群）其他成员没有冲突	1	2	3	4	5
我和社区（社群）其他成员对交流很满意	1	2	3	4	5
我长期和社区（社群）成员进行交流	1	2	3	4	5
我和新进入社区（社群）成员交流频繁	1	2	3	4	5
和我交流的成员频繁离开社区（社群）	1	2	3	4	5

三、将知识分享给社区（社群）主办方（企业）或者其他社区（社群）成员，您在知识分享过程中的感受和主观意愿（以下选项均为单选，根据实际情况，在对应数字上打√）

知识分享中的情感	很不符合		一般		非常符合
我和社区（社群）其他成员知识分享的过程是愉快的	1	2	3	4	5
我和社区（社群）其他成员知识分享的过程是有趣的	1	2	3	4	5
我和社区（社群）其他成员知识分享的过程是舒畅的	1	2	3	4	5
知识分享中的个体认知	**很不符合**		**一般**		**非常符合**
通过分享知识获得现金或物质回报	1	2	3	4	5
希望将来我有问题时，别人也能帮我解决	1	2	3	4	5
分享知识能获得满足或快乐感	1	2	3	4	5
我有能力完成企业发布的产品任务	1	2	3	4	5
我确信能提供给企业有价值的知识	1	2	3	4	5
我确信自己有能力帮其他成员解决问题	1	2	3	4	5
参与知识分享对我也有好处	1	2	3	4	5
参与知识分享的平台或工具容易使用	1	2	3	4	5
参与知识分享对我来说不存在风险	1	2	3	4	5
知识分享意愿	**很不符合**		**一般**		**非常符合**
我愿意参与企业发布的产品、创意设计或其他任务	1	2	3	4	5
我愿意对社区（社群）成员的观点、作品或提出的难题进行评论、建议或解答	1	2	3	4	5
我愿意向企业分享我的知识	1	2	3	4	5
我愿意向社区（社群）成员分享我的知识	1	2	3	4	5

四、其他

你觉得,企业开展网络环境下的客户参与创新知识分享活动,目前面临的问题有哪些?如无相关选项在下面空白处详细说明。

☐企业内部政策　　　　　　　　☐网络环境

☐参与平台或工具　　　　　　　☐参与制度

☐激励政策　　　　　　　　　　☐其他

你对企业开展网络环境下的客户参与创新知识分享活动有哪些建议?

后记

本书是在我的博士论文的基础上修改完成的，本书的写作倾注了我大量的心血，写作过程也见证了我的学术探索和成长历程。在本书的写作过程中，首先要感谢我毕生敬重的导师张生太老师，读博四年间，张老师在学习上给予了我太多的帮助和支持，尤其在写作期间，从选题的确定，到研究思路的清晰化，再到最终论文的成型和后期的不断修改，张老师耐心地、一遍遍地提出修改意见，尽量用通俗的语言将毕生的科研经验和写作精髓传授于我。张老师严谨的作风、广阔的胸怀、乐观的心态、渊博的知识潜移默化地影响着我，使我受益终身。

感谢齐佳音老师允许和鼓励我参加他们课题组的研讨和知识分享活动，在这一过程中吸取到了很多宝贵的经验；感谢课题组的朱红淼、韩芳、王飞飞、裴艳林、张强，他们的陪伴使我的学习生涯多了很多乐趣，他们在学术方面对我的帮助也是我能完成本书的重要条件；尤其感谢韩芳同学，不厌其烦地帮我校对、修订论文，使得我的论文更加完整和严谨。感谢我的好室友李玉霞、张琳、肖彦，感谢隔壁宿舍的卜庆娟、石凌、毕菁佩，与她们一起学习、一起欢笑的日子成为我人生中美好的记忆。

感谢工作单位太原科技大学经管学院的各位同事，尤其是任利成老师和郭艳丽老师，在科研上对我的帮助和支持；感谢父母，在生活上对我默默地帮助和无怨无悔的付出，使我能全身心投入博士学习；感谢我的爱人彭汉军，是他的包容和鼓励，使我有勇气面对学习和生活中的困难和挫折；感谢我可爱的儿子彭灿宇，他的活泼、天真带给我无限的欣喜和快乐。